Best of Pflege

Mit „Best of Pflege" zeichnet Springer die besten Masterarbeiten und Dissertationen aus dem Bereich Pflege aus. Inhalte aus den etablierten Bereichen der Pflegewissenschaft, Pflegepädagogik, Pflegemanagement oder aus neuen Studienfeldern wie Health Care oder Ambient Assisted Living finden hier eine geeignete Plattform. Die mit Bestnote ausgezeichneten Arbeiten wurden durch Gutachter empfohlen und behandeln aktuelle Themen rund um den Bereich Pflege.
Die Reihe wendet sich an Praktiker und Wissenschaftler gleichermaßen und soll insbesondere auch Nachwuchswissenschaftlern Orientierung geben.

Weitere Bände in der Reihe http://www.springer.com/series/13848

Stephanie Pfeiffer

Commitment in der stationären Krankenpflege

Organisationsbindung als
unternehmerische Ressource
des Personalmanagements

 Springer

Stephanie Pfeiffer
Münster, Deutschland

ISSN 2569-8605   ISSN 2569-8621   (electronic)
Best of Pflege
ISBN 978-3-658-23322-8   ISBN 978-3-658-23323-5   (eBook)
https://doi.org/10.1007/978-3-658-23323-5

Die Deutsche Nationalbibliothek verzeichnet diese Publikation in der Deutschen National-
bibliografie; detaillierte bibliografische Daten sind im Internet über http://dnb.d-nb.de abrufbar.

Springer ist ein Imprint der eingetragenen Gesellschaft Springer Fachmedien Wiesbaden GmbH
und ist ein Teil von Springer Nature
Die Anschrift der Gesellschaft ist: Abraham-Lincoln-Str. 46, 65189 Wiesbaden, Germany

Inhaltsverzeichnis

Abbildungsverzeichnis

Abkürzungsverzeichnis

Abb.	Abbildung
Abs.	Absatz
BiBB	Bundesinstitut für Berufsbildung
bzw.	beziehungsweise
et al.	et alteri
etc.	et cetera gesamt
FIT	Fraunhofer-Institut für Angewandte Informatik
ges.	gesamt
Hrsg.	Herausgeber
LBDQ	Leader Behavior Description Questionnaire
MbE	Management by Exceptions
Mill.	Milliarden
MLQ	Multifactor Leadership Questionnaire
OCB	Organizational Citizienship Behavior
s.	siehe
usw.	und so weiter
vgl.	vergleiche

1 Einführung in den Themenbereich

1.1 Problemstellung

Die Berufsgruppe der Pflegenden, sowie die stationären Krankenpflegeeinrichtungen in Deutschland, sehen sich zunehmend mit dem, bereits in den 1980er Jahren angekündigten, Fachkräftemangel konfrontiert. Steigende Arbeitsbelastung, höherer Altenquotient und sinkende Geburtenraten stellen nur einen Auszug der Faktoren dar, die eine Sicherung der Pflegeleistungen in stationären Einrichtungen künftig erschweren.

Die Unternehmen der deutschen Krankenhauslandschaft denken bereits in verschiedenste Richtungen, um diesen Problemen zu begegnen. Eine kurzfristige Lösung scheint unmöglich, eine langfristige Strategie noch nicht gefunden. Durch offensive Maßnahmen zur Personalrekrutierung, wie beispielsweise dem gezielten Anwerben ausländischer Fachkräfte, wird versucht das sprichwörtliche Fass ohne Boden zu füllen. Die hohe Arbeitsverdichtung und die überwiegend unattraktive Darstellung des Pflegeberufes wirken dem jedoch entgegen. So scheint für jede neugewonnene Pflegekraft eine andere ihr Unternehmen, wenn nicht sogar den Beruf, zu verlassen.

Ein Blick in die USA zeigt, was die hiesigen Krankenhäuser bisher noch nicht verstanden haben. Der Weg zur erfolgreichen Personalgewinnung führt über die Mitarbeiterbindung. Das Streben nach einem hohen, organisationalen Commitment der Pflegenden könnte zum Schlüssel werden für eine strategische Lösung des aktuellen Pflegenotstandes. Diesem Gedanken soll die vorliegende Arbeit Rechnung tragen.

1.2 Vorgehensweise und Ziel der Arbeit

Die vorliegende Arbeit will den Blick stationärer Krankenpflege-Einrichtungen auf eine mögliche Perspektive lenken, um den Herausforderungen im pflegerischen Personalmanagement künftig zu begegnen.

Während das mittlere Management versucht mit weniger Personal, auf stetig steigende Anforderungen zu reagieren, sucht das obere Management nach Lösungen. Eine mögliche strategische Lösung bietet das organisationale Com-

© Springer Fachmedien Wiesbaden GmbH, ein Teil von Springer Nature 2018
S. Pfeiffer, *Commitment in der stationären Krankenpflege*, Best of Pflege,
https://doi.org/10.1007/978-3-658-23323-5_1

mitment. Commitment kann erreicht werden, wenn Unternehmen, Führung und Mitarbeiter zu einer gemeinsamen Einheit werden. Durch das Fördern und Fordern der einzelnen Individuen innerhalb der Organisation, wird eine starke Gemeinschaft hervorgerufen, welche auch Unwägbarkeiten unbeschadet überstehen kann.

Um die Notwendigkeit neuer Strategien zu verdeutlichen, soll zunächst die Bedeutung der demografischen Veränderungen für den Pflegesektor thematisiert werden. Kein anderer Wirtschaftssektor ist dem Wandel wohl auf so vielfältige Weise unterworfen.

In einer inhaltlichen Darstellung des organisationalen Commitment sollen die Chancen, welche ein gezieltes Streben nach Mitarbeiterbindung bieten kann, vorgestellt werden. Diese Chancen zu nutzen, fordert ein Umdenken und Veränderungen innerhalb der Organisationen. Veränderungen beginnen immer bei der Führung. Deshalb folgt eine gezielte Auseinandersetzung mit pflegerischen Führungspositionen, Erwartungen und Führungsstilen. So soll die zentrale Aufgabe der Führungskräfte, im Zusammenhang mit Commitment, deutlich gemacht werden.

Die sozialtheoretische Betrachtung von Mensch, Mitarbeiter und Führungskraft bildet schließlich den Rahmen, in dem das Problem des Fachkräftemangels und die Lösung über den Weg der gezielten Mitarbeiterbindung abschließend zusammengeführt werden.

Diese Arbeit schließt mit Handlungsempfehlungen zur Veränderung des Führungsstils, dem Umgang mit (neuen) Mitarbeitern und mit Möglichkeiten einer Unternehmensstrategie zur Steigerung des organisationalen Commitment von Pflegekräften. Eine einheitliche Lösung für alle Organisationen lässt sich in diesem Rahmen nicht erstellen, wohl aber ein Denkanstoß und eine Empfehlung für die ersten Schritte. Diese Arbeit verfolgt den Anspruch eine neue Richtung aufzuzeigen, in der Hoffnung, dass sich die Führungskräfte der Pflegenden auf den Weg machen.

2 Der demografische Wandel

2.1 Entwicklungen der Bevölkerungsstruktur

Will man die Entwicklung der deutschen Bevölkerungsstruktur betrachten, so gibt es dafür zwei Perspektiven. Die retrospektive Analyse der Vergangenheit, oder den prognostischen Blick auf die kommenden Jahrzehnte. Da der Prognose für die kommenden Jahre unter anderem die Zahlen der Vergangenheit zugrunde liegen und im Hinblick auf das Ziel der Arbeit die Retrospektive wenig Relevanz besitzt, soll an dieser Stelle auf den konkreten Rückblick verzichtet werden.

Das Statistische Bundesamt befasst sich seit 1950 mit der Aufzeichnung der, für die Bevölkerungsentwicklung relevanten, Daten. Seine Vorausberechnungen reichen zum aktuellen Zeitpunkt bis in das Jahr 2060.

„Bevölkerungsvorausberechnungen sind statistische Prognosen auf der Grundlage aktueller amtlicher Meldedaten, die zeigen, wie sich die Bevölkerungszahl und der Altersaufbau der Bevölkerung unter bestimmten Annahmen zur Entwicklung wesentlicher Komponenten der Bevölkerungsbewegung – Geburtenhäufigkeit, Sterblichkeit und Wanderungen – innerhalb eines festgelegten Zeithorizontes verändern." (König 2016: 68)

Da die Auswirkungen dieser Komponenten nur bedingt vorhersehbar sind, hat das Statistische Bundesamt für seine Vorausberechnungen verschiedene Varianten dieser Faktoren zu Grunde gelegt. Diese Vorausberechnungen

„…erheben keinen Anspruch, die Zukunft bis 2060 vorherzusagen. Sie helfen aber zu verstehen, wie sich die Bevölkerungszahl und die Bevölkerungsstruktur unter bestimmten demografischen Voraussetzungen entwickeln würden.". (Statistisches Bundesamt, Wiesbaden 2015: 9) (s. Anlage A.1 Varianten der Bevölkerungsvorausberechnung bis 2060)

Die für die Gesamtbevölkerungszahl wohl optimistischste Variante geht, dem Trend des Jahres 2015 folgend, von einer weiter steigenden Geburtenrate aus und legt seiner Berechnung eine Zahl von 1,6 Kindern pro Frau zugrunde. Zusätzlich geht die Berechnung von einem erhöhten Wanderungssaldo, von +200.000 Personen, aus. Doch selbst unter diesen Gegebenheiten zeigt sich im

© Springer Fachmedien Wiesbaden GmbH, ein Teil von Springer Nature 2018
S. Pfeiffer, *Commitment in der stationären Krankenpflege*, Best of Pflege,
https://doi.org/10.1007/978-3-658-23323-5_2

Verlauf der nächsten Jahrzehnte eine Abnahme der Gesamtbevölkerung, von im Durchschnitt 1,3 Milliarden pro Jahrzehnt. Während die Abnahme von 2020 bis ins Jahr 2030 noch bei einem Minus von 0,3 Milliarden liegt, wird von 2050 bis 2060 unter den genannten Voraussetzungen ein Minus von 1,9 Milliarden erwartet. Die Negativtendenz für die kommenden 40 Jahre ist mehr als steigend – die Abnahme der Gesamtbevölkerung im Vergleich erschreckend. (s. Abb. 1)

		Alter	Mill.	Anteil	Alter	Mill.	Anteil
Geburtenhäufigkeit	1,6 Kinder je Frau	65+	18,3	22%	65+	23,2	30%
Lebenserwartung bei Geburt 2060	84,8 Jahre für Jungen 88,8 Jahre für Mädchen	20-64	49,2	60%	20-64	39,6	52%
		<20	14,6	18%	<20	14,1	18%
	plus 200.000 Personen	ges.	82,2	100%	ges.	76,9	100%
Wanderungssaldo (ab 2021)		Medianalter		46	Medianalter		47,5
		Altenquotient		37	Altenquotient		58

Abbildung 1:   Bevölkerungsvorausberechnung Variante „Relativ junge Bevölkerung" (s. Statistisches Bundesamt 2017a; Statistisches Bundesamt 2017b)

Ausgehend von einem geringeren Wanderungssaldo von +100.000 Personen und einer stagnierenden Geburtenrate von 1,4 Kindern/Frau, ist die Abnahme der Bevölkerungsdichte sogar noch drastischer (s. Abb. 2).

		Alter	Mill.	Anteil	Alter	Mill.	Anteil
Geburtenhäufigkeit	1,4 Kinder je Frau	65+	18,4	23%	65+	23,9	34%
Lebenserwartung bei Geburt 2060	86,7 Jahre für Jungen 90,4 Jahre für Mädchen	20-64	48,8	60%	20-64	34,4	50%
		<20	14,3	18%	<20	10,9	16%
	plus 100.000 Personen	ges.	81,5	100%	ges.	69,2	100%
Wanderungssaldo (ab 2021)		Medianalter		46,4	Medianalter		51,6
		Altenquotient		38	Altenquotient		69

Abbildung 2:   Bevölkerungsvorausberechnung Variante „Relativ alte Bevölkerung" (s. Statistisches Bundesamt 2017c; Statistisches Bundesamt 2017d)

Diese Prognose kommt so sogar auf ein Minus von 3,25 Milliarden pro Jahrzehnt und zeigt eine Steigerung der Abnahme von 2,2 Milliarden (2020 bis 2030) auf beunruhigende 4,3 Milliarden (2050 bis 2060) pro Jahrzehnt. Es wird deutlich, dass die deutsche Bevölkerung abnehmen wird, unabhängig davon, wie optimistisch die Zukunft auch ausgelegt wird.

Die Zahl der Gesamtbevölkerung ist dabei jedoch nicht die einzige Variable, die sich verändert. Auch die Altersstruktur der Bevölkerung wird sich wandeln. Der Altenquotient beispielsweise, also die Zahl der über 60-jährigen welche auf einhundert 20- bis unter 60-jährige kommt, steigt in allen Prognosen/Varianten. Im ungünstigsten Fall wird der Altenquotient im Jahr 2060 bei 69 liegen (vgl. Abb. 1), im günstigsten Fall bei 56. (vgl. Anlage A.1) Da der letzte gesicherte Wert 2013 einen Altenquotienten von 34 zeigt, wird auch hier deutlich mit welchen Veränderungen die Bevölkerungsentwicklung einhergehen wird.

Es lässt sich nicht bis ins Detail vorhersagen, wie schnell oder wie drastisch die prognostizierten Veränderungen eintreten werden. Doch ganz gleich wie optimistisch oder wie pessimistisch man die Zukunft Deutschlands in diesem Punkt betrachtet, eines scheint sicher: Die Bevölkerung in Deutschland wird in den kommenden Jahren weniger und älter werden.

2.2 Bedeutung der demografischen Entwicklung für die stationäre Krankenpflege

Die in Absatz 2.1 beschriebenen demografischen Entwicklungen der Bevölkerungsstruktur beeinflussen verschiedenste Bereiche der Wirtschaft und Struktur unseres Landes. Der Wirtschaftssektor der Pflege ist den begonnenen und zu erwartenden Veränderungen in besonderem Maße unterworfen. Um die Einflüsse des demografischen Wandels auf die Krankenpflege zu verdeutlichen, muss zwischen Angebot und Nachfrage unterschieden werden. „Zum einen nimmt im Zuge der steigenden Lebenserwartung nachfrageseitig der Bedarf an pflegerischen Leistungen stetig zu. Auf der Angebotsseite hingegen geht die Zahl der Jugendlichen, die einen Ausbildungsplatz suchen, in den nächsten Jahren insgesamt deutlich zurück. Zugleich sehen sich die Einrichtungen der Pflege mit einer alternden Belegschaft konfrontiert, die in den nächsten Jahren den Anteil von Pflegekräften im Alter von über 50 Jahren stark ansteigen lässt." (Bettig et al. 2012: 5)

Um den Einfluss der Bevölkerungsentwicklung auf den Sektor Pflege eingehender zu verdeutlichen, sollen im Folgenden die Auswirkungen auf den

Versorgungsauftrag sowie das Phänomen des Fachkräftemangels gesondert und differenzierter betrachtet werden. Dabei sei vermerkt, dass die folgenden Absätze keinen Anspruch auf Vollständigkeit erheben. Sie dienen lediglich dazu einen, dem Kontext angemessenen, Überblick zu verschaffen, auf dessen Basis das Kernthema der vorliegenden Arbeit seine Berechtigung verdeutlichen kann.

2.2.1 Auswirkungen auf den Versorgungsauftrag stationärer Einrichtungen

Die Auswirkungen der Bevölkerungsentwicklung auf den Versorgungsauftrag von stationären Pflegeeinrichtungen lassen sich, wie in Absatz 2.2 bereits angedeutet, in einer Steigerung des Leistungsbedarfs zusammenfassen. Dieser zu erwartenden Steigerung liegen dabei verschiedene Ursachen und Annahmen zu Grunde.

Die in Absatz 2.1 dargestellten Bevölkerungsentwicklungen zeigen eine steigende Lebenserwartung, einen steigenden Altenquotienten und ein ebenfalls steigendes Medianalter. In der Vergangenheit wurde der Zusammenhang dieser Entwicklung in Bezug auf die zu erwartenden Auswirkungen auf die Krankenhäuser kontrovers diskutiert. Bereits gegen Ende der 1970er Jahre formierten sich zwei grundverschiedene Thesen.

Die sogenannte Kompressionsthese, entwickelt von James F. Fries, geht davon aus, dass sich die Phase ausgeprägter Multimorbidität, auf Grund der verbesserten Lebensbedingungen und dem sozialen Wohlstand, näher an das Lebensende verlagern wird. So lebt die Bevölkerung zwar länger, aber eben auch länger gesund. (s. AOK Bundesverband 2017) Dem gegenüber steht die Expansions- beziehungsweise Medikalisierungsthese von Ernest Gruenberg. Diese geht davon aus, dass sich auf Grund der steigenden Lebenserwartung die Phase der Multimorbidität verlängern wird. (s. Statistische Ämter des Bundes und der Länder 2010: 11)

Lange Zeit wurden beide Thesen diskutiert und ließen sich empirisch weder widerlegen noch belegen. Die Entwicklungen innerhalb der ersten Jahre des 21. Jahrhunderts geben aber ein wenig Aufschluss. So zeigt sich innerhalb der ersten Dekade ein Rückgang der Inzidenzen, sowohl alters- wie auch geschlechtsbezogen. Die entsprechenden Pflegeprävalenzen bleiben dabei allerdings annähernd konstant. Erklären lässt sich diese Entwicklung damit, dass sich die Zeit, die Menschen innerhalb einer Pflegebedürftigkeit verbringen, auf Grund der steigenden Lebenserwartung soweit ausdehnt, dass sie den Rückgang der Neuerkrankungen ausgleicht. (s. Rothgang 2010: 24) Für die kommenden Jahre ist daher davon auszugehen,

„…dass die alters- und geschlechtsspezifischen Pflegehäufigkeiten konstant bleiben und eine Verringerung dieser Häufigkeit etwa wegen einer
Kompression der Morbidität nicht stattfindet.". (Rothgang 2010: 24)

Bringt man nun den steigenden Anteil der alternden Bevölkerung mit der pro-
zentual konstant bleibenden Pflegeprävalenz zusammen, bedeutet dies für die
kommenden Jahre, auch bei sinkender Inzidenz, einen Anstieg der zu erbrin-
genden Pflegeleistungen. Bereits 2008 hat die Altersgruppe der über 60-jähri-
gen 50% der Krankenhauspatienten ausgemacht. (s. Statistische Ämter des
Bundes und der Länder 2010: 9)

An dieser Stelle darf nicht unerwähnt bleiben, dass im Zuge der 2002 ein-
geführten diagnosebezogenen Fallpauschalen der sinkende Trend der durch-
schnittlichen Verweildauer pro Krankenhausaufenthalt weitergeführt wird.
(s. Statistische Ämter des Bundes und der Länder 2010: 7) Man muss der sinkenden Verweildauer allerdings steigende Fallzahlen und einer geringer wer-
denden Anzahl an Krankenhäusern gegenüberstellen, so dass die zunächst an-
zunehmende Erleichterung in den Einrichtungen nicht spürbar ist. (s. Abb.3)

Zudem ist davon auszugehen, dass die durchschnittliche Verweildauer,
wenn sie altersgruppenbezogen konstant bleibt, auf Grund der insgesamt alternden Gesellschaft tendenziell wieder leicht steigen wird. (s. Statistische
Ämter des Bundes und der Länder 2010: 10)

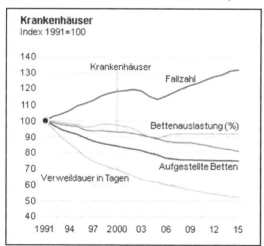

Abbildung 3:   Krankenhausstatistik: Kennzahlen im Jahresvergleich (Statistisches
                Bundesamt, Wiesbaden 2017)

Ein weiterer Faktor, welcher den künftigen Versorgungsauftrag beeinflussen könnte, ist die sich verändernde Familienkonstellation. Während in der Vergangenheit und auch heute noch ein großer Teil an pflegerischer Sorgearbeit in den privaten Haushalten durchgeführt wird, geht der Trend zur Inanspruchnahme von Pflege(dienst)leistungen. Dies begründet sich unter anderem darin, dass (trotz aktuell steigender Geburtenrate) immer mehr Paare kinderlos bleiben. Vor allem Frauen und Partner mit einem hohen Bildungsabschluss, deren Priorität augenscheinlich nicht mehr auf Gründung einer Familie liegt, verweilen kinderlos. (s. Bettig et al. 2012: VIII) Hinzu kommt, dass die Generationen sich immer weiter voneinander entfernen, da Frauen heute in der Regel später/älter Kinder bekommen. Dies führt dazu, dass die Menschen künftig noch voll im Berufsleben stehen, wenn sie mit der Pflege von Angehörigen konfrontiert werden. (s. Bettig et al. 2012: 22) Die in der Vergangenheit oft einfachste Lösung, auf die Familie zurückzugreifen, gestaltet sich so zunehmend schwieriger. In welchem Ausmaß sich die Rückentwicklung der familiären Basis, ohne welche häusliche Pflege aktuell undenkbar scheint, auf den Versorgungsauftrag und die Versorgungsstrukturen auswirken wird, ist aktuell noch unklar. Es ist jedoch davon auszugehen, dass die aktuellen Strukturen in Zukunft nicht mehr reichen werden. (s. Bettig et al. 2012: VIII)

Zusammenfassend lässt sich sagen, dass es sich bei den geschilderten Annahmen um eine Interpretation des aktuellen Entwicklungstrends handelt, der keinen Anspruch darauf erhebt eine Vorhersage zu sein und die Zukunft exakt abzubilden. Es handelt sich vielmehr um eine Prognose, welche allerding auf Basis der aktuellen Entwicklungen und den letzten erhobenen Zahlen ein hohes Maß an Wahrscheinlichkeit besitzt.

2.2.2 Fachkräftemangel

Neben der in Absatz 2.2.1 geschilderten, nachfrageseitigen Betrachtung der kommenden Entwicklungen, sind die Auswirkungen der demografischen Veränderungen auf die Angebotsseite mindestens so interessant wie relevant.

Die in 2.1 geschilderte Bevölkerungsentwicklung lässt, bei der zu erwartenden Abnahme der potentiellen Arbeitskräftebasis, auch ohne Vorhersage der konjunkturellen Entwicklung, in nahezu allen Wirtschaftsbereichen substanzielle Engpässe im Bereich der Fachkräfte erwarten. (s. Geis, Orth 2016:96) Sowohl das Fraunhofer-Institut für Angewandte Informationstechnik (FIT), wie auch das Bundesinstitut für Berufsbildung (BIBB) haben bereits 2010 Projektionen zur Entwicklung der Erwerbstätigen vorgenommen. Bei unterschiedlichen Erwerbsquoten zeigen sich zwar verschiedene Ergebnisse, allerdings wird im

Zusammenhang mit der Entwicklung des Erwerbstätigenbedarfs deutlich, dass sich in jedem Fall ab 2023 ein zunehmender und branchenunabhängiger Fachkräftemangel einstellen wird. (s. Abb. 4)

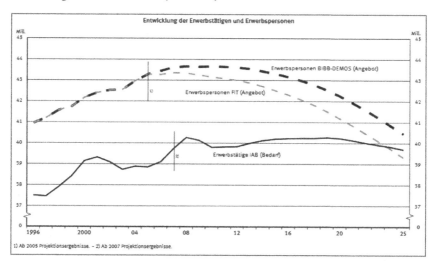

Abbildung 4:   Entwicklung von Erwerbspersonen und Erwerbstätigen (Afentakis, Maier 2010: 991)

Diese Entwicklung unterliegt natürlich ebenfalls zum Teil den in 2.1 geschilderten Variablen. Sie lässt sich aktuell aber, beispielsweise durch eine höhere Zuwanderung, lediglich zeitlich verzögern, nicht gänzlich aufhalten. Berücksichtigt werden muss an dieser Stelle auch, dass der Mangel an Fachkräften in einzelnen Qualifikationsstufen bereits früher sichtbar werden wird als in anderen. (s. Afentakis, Maier 2010: 991)

So verzeichnet der Sektor der Gesundheitsberufe zwar seit Jahren eine nahezu konstante Rate von 4-4,5% der Schulabgänger, welche sich für eine Ausbildung in einem Pflegeberuf entscheiden, bei stetig abnehmender Jahrgangsstärke und daraus resultierend sinkenden Schülerzahlen, bedeutet dies allerdings dennoch eine kontinuierliche Abnahme an Auszubildenden in der Pflege (s. Bettig et al. 2012: 24). So ließ sich bereits im April 2016 mit 69.000 gemeldeten, offenen Stellen in den medizinischen und nicht medizinischen Gesundheitsberufen ein deutlicher Mangel verzeichnen. (s. Geis, Orth 2016: 95)

„Wird zusätzlich die Zahl der Arbeitslosen je gemeldeter offener Stelle in den Blick genommen, zeigt sich bei Gesundheitsberufen auf Spezialisten-

Ebene, wie etwa Fachkrankenpflegern, mit einem Wert von 0,7, dass eindeutig nicht genügend [inländische] Bewerber zur Verfügung stehen." (Geis, Orth 2016: 95)

Betrachtet man also die in Absatz 2.1 prognostizierten Entwicklungen, ihre Auswirkungen auf den Versorgungsauftrag in Absatz 2.1.1 sowie die gerade geschilderten Probleme im Bereich der pflegerischen Fachkräfte, so ist es kaum erstaunlich, dass die, seit geraumer Zeit, in regelmäßigen Abständen durchgeführten Prognosen alle ein ähnliches Ergebnis zeigen: „…die Zunahme der Pflegebedürftigkeit und die gleichzeitig wachsende Lücke zwischen Bedarf und Verfügbarkeit bei Pflegeleistungen." (Bettig et al. 2012: 67)

Der Fachkräftemangel ist, in allen Branchen und so auch im Gesundheitssektor, ein komplexes und umfangreiches Phänomen. Daher kann auch an dieser Stelle nur ein grober Überblick gegeben werden. Zusammenfassend lässt sich jedoch folgendes deutlich sagen: Die Problematik im Fachkräftebereich bezieht sich, beachtete man alle Faktoren der Entwicklung, zum einen auf die Summe der verfügbaren Arbeitskräfte. Zum anderen scheint es jedoch, angesichts des stetigen medizinischen Fortschritts und der wachsenden Komplexität von Krankheitsbildern im Zuge der Multimorbidität, unabdingbar, dass die vorhandenen Pflegekräfte über eine gute Ausbildung hinaus ausreichend qualifiziert und motiviert sind. (s. Bettig et al. 2012: 44)

3 Commitment – Ein Überblick

3.1 Commitment ist Organisationsbindung

In jedem Unternehmen spielt Personalmanagement eine zentrale Rolle. Die in Kapitel 2 geschilderten demografischen Phänomene begründen die zunehmende Relevanz des Personalmanagements, insbesondere für den Bereich der stationären Krankenpflege. Wer sich mit Personalmanagement befasst, wird unter anderem auf die Teilbereiche Personalakquise, -entwicklung und -bindung stoßen. Es liegt auf der Hand, dass sich diese Bereiche nicht gänzlich getrennt voneinander betrachten lassen. Personal zu akquirieren macht nur Sinn, wenn ein Unternehmen über eine Strategie verfügt, mit der neues Personal auch gehalten wird. Personal zu entwickeln kostet Zeit, Aufwand und Geld. Diese Investitionen rechnen sich nur, wenn ein Unternehmen in der Lage ist sicherzustellen, dass die teuer qualifizierten Fachkräfte im Anschluss an ihre Entwicklung nicht abwandern. Es lässt sich also mit Recht behaupten, dass eine solide Personalbindung die Grundlage eines erfolgreichen Personalmanagements ist.

Doch was bedeutet Personalbindung? Das Personal eines Unternehmens wird gebunden. Doch woran? An die Führungskraft? An die Dienstleistung, die erbracht, oder das Produkt, welches erstellt wird? An die Kollegen, an das Gehalt, an den Unternehmensstandort? All dies sind denkbare Antworten. Doch im Grunde eint sie alle eines: Führungskräfte, erbrachte Leistungen und Produkte sind ebenso wie gezahlte Gehälter alle Teile einer Organisation. Das Personal sollte folglich an die Organisation gebunden werden. Genau hier setzt der Begriff des organisationalen Commitment an.

„Organisationales Commitment oder synonym Organisationsbindung beschreibt, in wieweit sich Menschen ihrer Organisation oder Teilen der Organisation (z.B. der Abteilung oder Arbeitsgruppe) zugehörig und verbunden fühlen." (van Dick 2004: 3) Wenn man darüber spricht Menschen an die Organisation/das Unternehmen zu binden, sollte man zunächst davon Abstand nehmen über Personal zu sprechen. Stattdessen sollte man diesen Begriff durch „Mitarbeiter" ersetzen. So simpel diese Veränderung scheint, der kleine Wortteil „mit" erläutert bereits die Grundstruktur des Commitment. Durch gezielte Maßnahmen und Strategien, welche im späteren Verlauf (s. Kapitel 6) Beachtung finden, wird angestrebt, dass der Angestellte sich als Mit-arbeiter, Mit-gestalter, simpel ausgedrückt als Mit-glied der Organisation fühlt. Dies führt

© Springer Fachmedien Wiesbaden GmbH, ein Teil von Springer Nature 2018
S. Pfeiffer, *Commitment in der stationären Krankenpflege*, Best of Pflege,
https://doi.org/10.1007/978-3-658-23323-5_3

bestenfalls zu einer (emotionalen) Bindung an das Unternehmen. Diese Form der Bindung sorgt in der Regel für ein verringertes Stressempfinden während und in Bezug auf die Arbeit. Die Mitarbeiter fühlen sich gesünder und zeigen ein größeres Maß an Zufriedenheit. (s. van Dick, Wagner 2001: 252)

Organisationales Commitment entsteht nicht einfach, sondern muss durch das Unternehmen erzeugt werden. Man könnte nun aus unternehmerischer Sicht argumentieren, dass der Aufwand, den es kostet, die Mitarbeiter zu binden, sich nicht rechnet, wenn lediglich Mitarbeiterzufriedenheit und weniger Stress die einzige Ernte sind. Doch es gibt auch eine Vielzahl betrieblicher Vorteile in Bezug auf ein erhöhtes Commitment. So zeigen Studien beispielsweise, dass Mitarbeiter, welche über eine hohe Bindung an ihr Unternehmen verfügen, ein erhöhtes Maß an besonderem Engagement zeigen. (s. Van Dyne, Ang 1998: 700) Man spricht hierbei von „*Organizational Citizenship Behavior*" (OCB), womit unter anderem Verhaltensweisen wie Pünktlichkeit und Pflichtbewusstsein gemeint sind, aber auch die Bereitschaft über das normale Maß an Leistung hinweg, Aufgaben zu übernehmen, sowie Hilfsbereitschaft gegenüber Kollegen. (s. van Dick 2004: 8) Ein weiterer, relevanter Punkt, im Hinblick auf die in Kapitel 2 geschilderten Entwicklungen ist, dass ein ausgeprägtes Commitment unter den Mitarbeitern zu einer „...reduzierten Fluktuation einerseits und höheren Performance andererseits..." (Berkenheide 2011: 15) führt.

Es lässt sich dem zur Folge nicht leugnen, dass dem gezielten Aufbau einer emotionalen Bindung an das Unternehmen ein stabiler Stamm an verlässlichen Mitarbeitern, mit hoher Qualifikation und deutlicherer Leistungsbereitschaft folgt.

3.2 Die 3 Komponenten des Commitment nach Allen und Meyer

John P. Meyer, Wirtschafts- und Organisationspsychologe und Natalie J. Allen, Psychologin, haben bereits in den 80er Jahren erste Artikel zum Thema Commitment verfasst. Zusammen haben sie sich mit den verschiedensten Fragestellungen zum Thema Organisationsbindung beschäftigt. Neben der Ausgestaltung der Vorteile für die Mitarbeiter und das Unternehmen, haben auch sie sich eine ähnliche Frage, wie die in Absatz 3.1 angerissene, gestellt: „An was und wie wird der Mitarbeiter gebunden?" Allen und Meyer haben diese relative grobe Fragestellung differenzierter betrachtet.

Mit einfachem Allzweckkleber lässt sich wunderbar ein Stück Papier auf einen Pappkarton kleben. Bei einer Glasscherbe jedoch versucht man damit vergeblich sein Glück. Der Kleber ist noch immer der Gleiche und hat das Papier wunderbar geklebt. Der Fehler muss folglich beim Glas liegen. Die richtige Antwort lautet jedoch anders. Es ist der Kleber, der in diesem Fall einfach nicht das richtige Bindemittel ist, um Glas zu halten. Andersherum: Glas benötigt etwas Anderes, um sich an den Karton zu binden. Dieses artfremde Beispiel zeigt sehr anschaulich, in welche Richtung die Überlegungen von Allen und Meyer gehen. Mitarbeiter sind Menschen. Und Menschen sind Individuen. Zu einem gewissen Grad sind sie sich alle ähnlich und doch sind es neben den äußeren Lebensumständen, auch intrinsische Faktoren, die sie dazu bewegen etwas Bestimmtes zu tun oder eben zu lassen, die sie an einem bestimmten Ort halten oder aber zum Fortschritt oder Weggang bewegen. (s. Kapitel 5)

Um diesen Unterschieden gerecht zu werden, haben Allen und Meyer verschiedene Begrifflichkeiten mit Inhalt gefüllt, die sie als die 3 Komponenten des Commitment bezeichnen: *affektive, continunance* und *normativ*. (s. Meyer, Allen 1997: 11)

3.2.1 Affektives Commitment

„Affective commitment refers to the employee's emotional attachment to, identification with, and involvement in the organization." (Meyer, Allen 1997: 11)

„Bei diesem Ansatz steht die emotionale oder affektive Bindung von Personen an ihre Organisation im Vordergrund." (Berkenheide 2011: 4)

Mitarbeiter mit einem hohen affektiven Commitment verbleiben am Unternehmen, weil sie selbst es so wollen. Sie fühlen sich nicht nur der Organisation zugehörig, sie betrachten sich selbst als einen Teil des Unternehmens. Ein hoher Grad an Identifikation mit den Werten, den Leistungen und den Entscheidungen des Unternehmens, sowie dem Gefühl eingebunden zu sein, führt zu einer emotionalen Bindung. Der Begriff Familienunternehmen wird im allgemeinen Sprachgebrauch zwar anders verwendet, symbolisiert jedoch gut das Gefühl des Mitarbeiters. Denn dieser fühlt sich gleichsam als Teil einer Familie. (van Dick 2004: 3) Dem folgend weist der Organisationspsychologe Prof. Dr. Jörg Felve darauf hin, dass ein emotionales Zugehörigkeitsgefühl das Verhalten von Mitarbeitern so deutlich beeinflusst, dass diese in der Folge dazu bereit sind mehr Risiken, höhere Kosten und sogar spürbare Nachteile in Kauf zu nehmen, um ihre Beziehung zum Unternehmen aufrecht zu erhalten. (s. Felve 2008: 27ff) (vgl. „OCB" Abs. 3.1)

3.2.2 Normatives Commitment

„... normativ commitment reflects a feeling of obligation to continue employment. Employees with a high level of normative commitment feel that they ought to remain with the organization." (Meyer, Allen 1997: 11)

Dieser „... Ansatz basiert auf den moralischen Wertvorstellungen im Hinblick auf die Aufrechterhaltung der Bindung an ein Unternehmen." (Berkenheide 2011: 7)

Aus moralischen und ethischen Gründen fühlt der Mitarbeiter sich dem Unternehmen verpflichtet und bleibt ihm in der Folge treu. So fühlt sich beispielsweise ein Mensch dem Unternehmen verbunden, welches ihm nach langer Arbeitslosigkeit eine neue Chance gegeben hat. Er will dem Unternehmen das ihm geschenkte Vertrauen zurückzahlen. Dieser moralischen Verpflichtung folgend ist er bereit große Umstrukturierungen und Neuerungen mitzutragen, selbst wenn diese zunächst mit Mehrarbeit verbunden sind.

3.2.3 Fortsetzungsbezogenes Commitment

„Continuance commitment refers to an awareness of the costs associated with leaving the organization. Employees whose primary link to the organization is based on continuance commitment remain because they need to do so." (Meyer, Allen 1997: 11)

Das Fortsetzungsbezogene Commitment umfasst also nichts weiter als das Abwägen von Kosten und Nutzen. So hält den Mitarbeiter möglicherweise die Sorge seine Position im Unternehmen und das damit verbundene Prestige zu verlieren. Aber auch die Gewissheit, dass das Ansehen der Kollegen, welches er sich im Laufe des Beschäftigungsverhältnisses erarbeitet hat, in einer anderen Organisation zunächst neu aufgebaut werden muss, trägt zur Bindung bei. Ebenso kann ein finanzieller Aspekt an dieser Stelle eine Rolle spielen. Die Angst vor dem Verlust finanzieller Zuwendungen bindet den Mitarbeiter an sein Unternehmen. Müsste der Mitarbeiter für eine neue Stelle umziehen und seinen Lebensmittelpunkt verlagern, wäre dies mit Kosten und einem hohen Aufwand verbunden. Diesen für eine verhältnismäßig unsichere Zukunft in Kauf zu nehmen, ist der Mitarbeiter nicht bereit.

Fortsetzungsbezogenes Commitment ist folglich eher eine zwanghafte Bindung. Mitarbeiter, die ein hohes fortsetzungsbezogenes Commitment haben, bleiben, wie eingangs beschrieben, der Organisation erhalten, weil sie denken, sie müssten. Aus Mitarbeitersicht ließe sich das Ganze auch folgendermaßen formulieren: „Ich würde gern gehen, aber ich kann nicht." Diese Formulierung veranschaulicht, dass es sich an dieser Stelle um eine leicht zu beeinflussende und aufzuhebende Art der Bindung handelt. Sie bietet dem Unternehmen an dieser Stelle keinen Vorteil in Bezug auf Leistungsbereitschaft und Treue.

3.3 Begriffliche Abgrenzung

Im Rahmen der Beschreibung von Commitment in seinen unterschiedlichen Formen kommt es auf Grund von inhaltlichen Überschneidungen immer wieder zu Verwechslungen mit anderen Begrifflichkeiten. Insbesondere konzeptuelle Ähnlichkeiten zu den Begriffen Identifikation und Involvement führen häufig zu Verwirrung. Zwar ist es in der Tat so, dass diese Begrifflichkeiten mit dem Commitment korrelieren (können), zum genauen Verständnis ist es jedoch wichtig auch die Unterschiede deutlich zu machen.

3.3.1 Identifikation

Um den Begriff der Identifikation von dem Konzept des Commitment abzugrenzen sei vorab gesagt, dass Gemeinsamkeiten, insbesondere zwischen affektiver Identifikation und affektivem Commitment, in großer Zahl vorhanden sind. (s. Stengel 1987: 152-166) Die dennoch vorgenommene und eher willkürliche Trennung erfolgt unter anderem auf Grund der unterschiedlichen Traditionen von Organisations- und Sozialpsychologie, welche den Konzepten zu Grunde liegen. Nichts desto trotz gibt es drei theoretisch-konzeptuelle Gründe, welche dennoch dafürsprechen, dass Commitment und Identifikation als distinkte Einstellungen im Zusammenhang mit der Arbeitswelt verstanden werden müssen, wenngleich sie miteinander verbunden scheinen. (s. van Dick 2004: 4)
Der Begriff Identifikation verfügt über einen starken kognitiven Fokus, wohingegen im Bereich des Commitment der affektive Aspekt der stärkere ist. Die Zugehörigkeit im (affektiven) Commitment basiert insofern auf einer gefühlsmäßigen Einstellung. Gegensätzlich hierzu zeigt sich bei der Identifikation vor allem die Frage, in wie weit sich eine Person selbst dadurch definiert Mitglied einer Organisation zu sein, als wesentlich. Die selbst-definitorische Dimension im Konzept der Identifikation spielt beim Commitment zunächst keine Rolle. Daher kann an dieser Stelle eine Unterscheidung erfolgen. (s. van Dick 2004: 4f)
Die zweite Möglichkeit Identifikation von Commitment zu trennen offenbart sich, wenn man die Faktoren betrachtet, auf deren Basis sich beides entwi-

ckelt. Identifikation entsteht, wenn Ähnlichkeiten wahrgenommen oder Überzeugungen zwischen Organisationsmitgliedern geteilt werden. Commitment hingegen bildet sich überwiegend auf der Grundlage von zwei Faktoren. „Ein Faktor ist die Summe aller Merkmale, die einen Job als interessant und wertvoll erscheinen lassen, wie die Vielfältigkeit der Tätigkeit an sich, ein gutes Betriebsklima usw." (van Dick 2004: 5) Der zweite Faktor ist austauschtheoretisch begründet, da die Organisation den Mitarbeiter mit verschiedenen Gütern, wie beispielsweise Gehalt und/oder der Erfüllung durch seine Tätigkeit, versorgt. Auf der Summe dieser beiden Faktoren begründet sich das Commitment zur Organisation. (s. van Dick 2004: 5)

Das dritte und vielleicht deutlichste Unterscheidungsmerkmal zwischen Commitment und Identifikation findet sich in der zeitlichen Betrachtung. Commitment zu einer Organisation aufzubauen erfordert Zeit. Hat sich die positive Einstellung jedoch einmal gebildet, so ist sie der Regel relativ konstant und überdauert auch Rückschläge, wie beispielsweise Fusionsprozesse. Ein sinkendes Commitment entsteht nicht spontan, die Abnahmekurve verläuft eher graduell. Andersherum ist es allerdings ebenso schwierig ein abnehmendes Commitment in eine wieder steigende Bindung zu verwandeln. Spricht man über die Einflussnahme auf das Commitment der Mitarbeiter, spricht man immer über mittelfristige Effekte. Identifikation hingegen ist unmittelbar veränderbar und hängt stets von Situation und Kontext ab. (s. van Dick 2004: 5) So kann sich die Pflegekraft einer neurologischen Observationsstation während ihres Arbeitstages mit der Gesamtabteilung Neurologie identifizieren. Infolge dessen ist sie bereit ihren Dienst bei Engpässen auch auf der neurologischen Intensivstation zu leisten. Beschließt der Klinikvorstand eine übertarifliche Zulage, ausschließlich für die Pflegenden der Intensivstationen, wird sich das Team der Observationsstation in diesem Punkt zunächst nicht mehr mit den Intensivkollegen ihrer Abteilung identifizieren. Wird in der Abteilung zu einem anderen Zeitpunkt darüber diskutiert, ob die Pflegekräfte in Zukunft zusätzlich zu ihren bisherigen Tätigkeiten eine weitere, zeitintensive Aufgabe im Rahmen der Delegation von den ärztlichen Kollegen übernehmen sollen, so würde sich die Pflegekraft der Observationsstation im Zuge dieser Diskussion wieder mit allen Pflegenden der Abteilung (also auch mit den Intensivpflegern) identifizieren. Dieses Beispiel zeigt wie leicht beeinflussbar, unbeständig und wechselhaft Identifikation ist. Insbesondere dieser Punkt macht deutlich, weshalb eine Abgrenzung zum nachhaltigen Commitment sinnvoll ist.

3.3.2 Involvement

Während Identifikation und Commitment sich in erster Linie immer auf die Organisation beziehen, steht beim Begriff des Involvements die eigentliche Tätigkeit im Fokus. (s. van Dick 2004: 7) Involvement ist insofern als eine spezifische Form von Identifikation zu betrachten, denn es bezeichnet vor allem die Identifikation mit der Tätigkeit. Es handelt sich also um eine inhaltliche, organisationsunabhängige Identifikation. (s. Moser 1996: 49)

Differenziert werden muss hierbei zusätzlich zwischen *work involvement* und *job involvement*. Das sogenannte *work involvement* bezeichnet den Zustand, bei dem eine Person die Arbeit als ihren zentralen Lebensinhalt ansieht. In diesem Fall ist der Lebensinhalt jedoch unabdingbar an Interesse geknüpft. Der Mensch hat also nicht das Gefühl die Arbeit bestimmt sein Leben. Er lebt vielmehr für die Arbeit, weil er selbst dies so will. *Job involvement* schränkt die Identifikation mit der Arbeit dahingehend ein klein wenig ein. Hierbei geht es nicht um die Identifizierung mit der Arbeit, sondern mit einer konkreten Tätigkeit, innerhalb der Arbeit, also mit einem bestimmten Job. (s. Moser 1996: 50) Am Beispiel einer Pflegekraft verdeutlicht käme *work involvement* dem Ausdruck „Berufung statt Beruf" gleich. Die Pflegekraft lebt in diesem Fall für ihre Arbeit und für ihre Patienten. Das früher medial propagierte Bild der Schwester Stefanie, für die auch nach Schichtende die Arbeit noch nicht vorbei war, verdeutlicht dies in überspitzter Form. *Job involvement* lässt sich am Beispiel einer Pflegekraft verdeutlichen, die sich aktiv für Auszubildende einsetzt. So würde sie sich beispielsweise mit ihren Aufgaben im Rahmen der Praxisanleitung identifizieren. Die Arbeit abseits der Anleitung erfüllt sie zwar, kann sich mit diesen aber nicht im selben Maße identifizieren und bringt folglich auch nicht dieselbe Leistungsbereitschaft dafür auf.

4 Führung in Einrichtungen der stationären Krankenpflege

4.1 Führungspositionen in Einrichtungen der stationären Krankenpflege

Die deutsche Krankenhaus Landschaft ist bunt und vielfältig. Neben staatlichen und kirchlichen Trägern gibt es auch Kliniken, die einem privaten Träger angehören. Neben dem Träger gehört aber auch die Größe eines Unternehmens zu den Faktoren, die die strukturelle Organisation einer Klinik beeinflussen. Verfügt eine Klinik über viele Abteilungen und Stabsstellen, so wächst nicht nur die Zahl ihrer Mitarbeiter, sondern auch ihr Organigramm. Dementsprechend steigt auch die Zahl an Führungskräften.

Den Kopf eines Krankenhauses bildet immer der klinische Vorstand. Dieser besteht immer aus dem ärztlichen Direktor, sowie dem kaufmännischen Direktor. Zusätzlich gibt es Kliniken, in denen auch der Pflegedirektor Teil des Vorstandes ist. An universitären Einrichtungen wird häufig auch der Dekan beteiligt.

Die übrigen Führungspositionen in klinischen Einrichtungen verteilen sich vielfältig über alle Berufsgruppen, angefangen beim ärztlichen Bereich bis hin zum Reinigungspersonal. All diese Führungskräfte sind wichtige Stellschrauben im Unternehmen. Und der Erfolg einer Klinik hängt, in nicht unwesentlichem Maße, von der Zusammenarbeit der verschiedenen Führungskräfte ab. Ähnliche einem Motor kann der Alltag nur dann gelingen, wenn alle Zahnräder ineinandergreifen und das selbe Ziel verfolgen. Dabei lässt sich grob sagen, dass die Reichweite bestimmter Entscheidungen steigt, je höher die Führungsposition anzusiedeln ist.

So betreffen Entscheidungen des klinischen Vorstandes in der Regel das gesamte Klinikum oder sind zumindest mit Hinblick auf das Gesamtunternehmen getroffen worden. Wohingegen Entscheidungen bestimmter Abteilungsleiter in erster Linie nur Einfluss auf die eigene Abteilung, maximal auf direkte Schnittstelle der Abteilungen haben. (vgl. Abb. 5)

© Springer Fachmedien Wiesbaden GmbH, ein Teil von Springer Nature 2018
S. Pfeiffer, *Commitment in der stationären Krankenpflege*, Best of Pflege,
https://doi.org/10.1007/978-3-658-23323-5_4

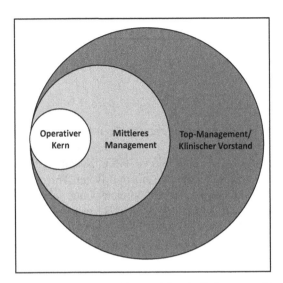

Abbildung 5:   Entscheidungsreichweite Führungspositionen

Der Fokus soll, dem Thema der Arbeit folgend, an dieser Stelle auf den Sektor Pflege und die entsprechend pflegerischen Führungspositionen in der stationären Krankenpflege gelegt werden.

Im Bereich der Pflege steht die Pflegedirektion (Pflegedirektor und/oder Klinikenpflegedienstleitung) für das obere Management. Die Größe der Pflegedirektion, sprich die Anzahl der ihr angehörigen Pflegedienstleitungen, variiert entsprechend der Größe des Unternehmens. Auch die Position eines übergeordneten Pflegedirektors ist abhängig von der Größe der Klinik und von der Ausrichtung. Während in manchen Kliniken der Pflegedirektor Teil des Vorstandes ist, wird in anderen Einrichtungen ganz auf diese Position verzichtet. Das mittlere Management im pflegerischen Bereich wird durch die Stationsleitungen und die pflegerischen Leitungen der Funktionsbereiche gebildet.

4.2 Erwartungen an das pflegerische Führungspersonal des mittleren Managements

Mehr denn je haben sich auch Krankenhäuser in den letzten Jahrzehnten zu Wirtschaftsunternehmen entwickelt. Im Zuge dieses Wandels haben sich auch die Anforderungen an die Führungspositionen verändert. Während früher, in nahezu allen Branchen eine streng hierarchische Ordnung herrschte, finden heute auch die Mitarbeiter Gehör. Bereits in den 1990er Jahren begann ein Abbau von Hierarchieebenen. (Dr. Jürgen Meyer Stiftung 2011: 22) In großen Unternehmen, wie einer Klinik, bedeutet dies insbesondere für das mittlere Management besondere Anforderungen. Die mittlere Führungsschicht gilt seit der Lean-Management-Bewegung als die Schicht des Unternehmens, welche es entweder Zusammenhält (Lehmschicht) oder bremst (Lähmschicht). (Dr. Jürgen Meyer Stiftung 2011: 16)

„Das mittlere Management ist das Bindeglied zwischen strategischer Spitze und operativem Kern." (Dr. Jürgen Meyer Stiftung 2011: 12) Im pflegerischen Zweig der Krankenhausführung bekleiden diese Funktion die Stationsleitungen. Sie befinden sich in der täglichen Auseinandersetzung mit den Erwartungen des oberen Managements und den unmittelbaren Anforderungen der Mitarbeiter. Üblicherweise ist die Stationsleitung der direkte Ansprechpartner für die Pflegenden vor Ort, daher ist sie für diese untrennbar mit allen Entscheidungen der oberen Führungsriege verknüpft.

Die Herausforderung für die Stationsleitungen liegt darin, die zum Teil divergenten Erwartungen an ihre Person aus den verschiedenen Richtungen in Einklang zu bringen. Sie muss Entscheidungen von oben – die sie in der Regel selbst nicht beeinflussen kann – nach unten weitergeben. Gleichzeitig obliegt es ihrer Verantwortung, dass die Pflegenden diese Entscheidungen verstehen, umsetzen und mittragen. Dies tut sie in einem Arbeitsalltag, in dem sie stets situationsgerecht und flexibel zwischen verschiedensten Rollen wechseln muss. Sie ist Führer, Anleiter, Begleiter und Vorbild. Sie motiviert, organisiert und plant vorausschauend. Sie sucht neue Wege und sichert Grenzen. Sie steht zum richtigen Zeitpunkt schützend vor ihren Mitarbeitern oder hinter ihnen, um sie vorwärts zu bringen und ihnen den Rücken zu stärken.

Die Art und Weise wie eine Leitung diese verschiedenen Funktionen, Rollen und Erwartungen erfüllt ist sowohl vom Führungsstil wie auch von der Führungspersönlichkeit abhängig. (vgl. Abs. 4.3 / Abs. 5.3.1) Die Anforderungen hingegen sind überwiegend gleich. Um zu verdeutlichen, in welchem Rahmen sich eine Führungskraft des mittleren Managements bewegt und welchen Erwartungen sie gerecht werden muss, werden im Folgenden die Anforderungen des oberen Managements erläutert, ebenso wie die Ansprüche der Pflegenden/Mitarbeiter an ihre Stationsleitung.

4.2.1 Erwartungen durch das obere Management

Das obere Management (oder Topmanagement genannt) eines Unternehmens bezeichnet den entscheidungstreffenden und richtungsweisenden Vorstand. Wie in Absatz 4.1 verdeutlicht verfügt auch eine klinische Pflegeeinrichtung über einen Vorstand. Dieser legt Unternehmensstrategien und -ziele fest und gibt sie nach unten weiter.

Die Erwartungen des Gesamtvorstandes an das mittlere Management sind dabei – auf Grund der Multiprofessionalität innerhalb eines Krankenhauses – vielschichtig und nur in einem gewissen Rahmen professionsübergreifend relevant. Die Aufgabe der Pflegedirektion, ob Vorstandsmitglied oder nicht, ist es daher – als oberstes Management des Pflegesektors – die Vorstandsvorgaben zu filtern und die pflegerelevanten Informationen an das mittlere Management der Pflege weiterzugeben. Daher ist im Folgenden mit der Begrifflichkeit „oberes Management/Topmanagement" die Ebene der Pflegedirektion gemeint.

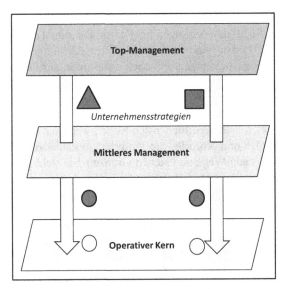

Abbildung 6:   Informationsfluss durch das mittlere Management

Der Definition des mittleren Managements aus Absatz 4.2 folgend, ergibt sich für dieses, als Bindeglied zwischen der oberen Führungsebene und dem operativen Kern der Pflegenden, bereits die entscheidende Erwartung. Betrachtet man das mittlere Management von oben ist die Schlüsselfunktion eindeutig. Es muss, wie in Abb. 6 verdeutlicht wird, die Unternehmensstrategien, für den ihm unterstellten Unternehmensbereich, in funktionale Teilstrategien transformieren. (s. Dr. Jürgen Meyer Stiftung 2011: 13)

Um dieser Schlüsselfunktion gerecht zu werden, wird von den Stationsleitungen in erster Linie ein herausragendes Informationsmanagement erwartet. Denn während sie auf der einen Seite die Strategien, Pläne und Anweisungen des Vorstandes an die operativ tätigen Pflegenden so weitergeben müssen, dass diese sie verstehen und ihre Leistungen entsprechend gestalten können, wird von ihnen gleichzeitig verlangt auch in die andere Richtung zu informieren. So erwartet das Topmanagement die Informationen des operativen Mitarbeiterstammes, sowohl von den Mitarbeitern als auch über diese, durch die Stationsleitungen angemessen gefiltert weitergegeben zu bekommen. (s. Dr. Jürgen Meyer Stiftung 2013: 16)

An das Informationsmanagement schließt sich eine weitere, konkrete Erwartungshaltung des oberen Managements an. So wird von den Stationsleitungen, wie bereits eingangs erwähnt, erwartet dass sie die Unternehmensstrategien in abteilungsspezifische Teilstrategien umwandeln und diese selbstverständlich auch zur Umsetzung bringen (vgl. Abb. 6). Dieser Prozess soll systematisch und konsequent erfolgen und sich daher am klassischen Managementprozess ausrichten.

So steht am Beginn die **Planung** der Strategie. Daran schließt sich die **Organisation** an, die dafür den strategischen Plan in arbeitsteilige Aufgaben untergliedert. Für die Umsetzung ist die qualifikations- und bedarfsgerechte **Personalplanung** unabdingbar. Gleichzeitig benötigt das Personal an dieser Stelle entsprechende **Führung**. Und wie in jeder Prozesskette ist auch ein gewisses Maß an **Kontrolle** für den Abgleich von Planung und Vollzug unerlässlich. (s. Steinmann et al. 2013: 127) Die obere Führungsriege erwartet von ihrem mittleren Management die eigenständige Durchführung dieser Prozesskette. Und die permanente Überprüfung und Anpassung an die Teilstrategien.

Die Schritte dieser Prozesskette symbolisieren dabei Teile der Erwartungen. So wird bei der Planung der Teilstrategien erwartet, dass diese sich dem Zeitplan des übergeordneten Unternehmensziels unterordnen. Im Zuge der Organisation wird verlangt, dass die Stationsleitungen bei den arbeitsteiligen Aufgaben das Gesamtgefüge berücksichtigen und in Kooperation mit anderen Abteilungen und Berufsgruppen arbeiten. Die Personalplanung muss qualifikations- und bedarfsgerecht sein, gleichzeitig wird jedoch erwartet, dass vorhandene Ressourcen nicht überstrapaziert werden.

„Führung ist ein Prozess der Beeinflussung anderer, um Verständnis und Akzeptanz dahingehend zu erzeugen, was und wie es getan werden muss, sowie ein Prozess, der individuelle und kollektive Anstrengung zur Erreichung gemeinsamer Ziele erleichtert." (Yukl 2010: 26)

Diese klassische Führungsdefinition vereint welche Erwartungen an die Personen des mittleren Managements, bezüglich ihrer Führungsqualifikationen, gestellt werden. Letztlich wird im Zuge der Kontrolle erwartet, dass diese engmaschig genug durchgeführt wird, um rechtzeitig zu bemerken, wann ein Plan nicht funktioniert. Gleichzeitig muss sie jedoch weitläufig genug sein, um nicht unnötige Ressourcen zu binden oder den Arbeitsfluss zu blockieren.

Diese zentralen Erwartungen sind allgemein gültig. Sie sind runtergebrochen auf die wesentlichen Funktionen und Aufgaben, die eine Führungsperson des mittleren Managements, in den Augen des Topmanagements, erfüllen muss. Dabei lassen sie sich auf unternehmens- und situationsspezifische Anforderungen übertragen. Sie geben an dieser Stelle einen guten Überblick, um im weiteren Verlauf die Rolle der Stationsleitungen und die damit verbundenen Herausforderungen zu verdeutlichen.

4.2.2 Erwartungen durch die Mitarbeiter

Mitarbeiter sind ebenso wie Führungskräfte Individuen, mit entsprechend individuellen Wünschen und Erwartungen. Es gibt Mitarbeiter, die erwarten in Veränderungsprozesse eingebunden zu werden, ebenso wie es Pflegende gibt, die über Änderungen lediglich informiert werden wollen, um sich nach diesen zu richten. (vgl. 6.2.1.1) Abseits dieser individuellen Wünsche gibt es jedoch auch überwiegend allgemeingültige Erwartungen, die alle Mitarbeiter in der Regel an ihre Führungskraft richten. Diese sollen im Folgenden kurz angerissen werden, um für den weiteren Verlauf einen groben Überblick zu gewährleisten.

In der Literatur wird häufig zwischen dem Manager einer Organisation und dem sogenannten Leader unterschieden.

„Das betriebswirtschaftlich bzw. verwaltungstechnisch orientierte Tagesgeschäft einer Organisation („harte" Elemente: Planung, Finanzierung, Kontrolle etc.) wird dem Management als Hauptaufgabe zugeordnet, während die interpersonale, emotional-sinnstiftende Einflussnahme („weiche" Elemente) dem Leader einer Organisation zuerkannt wird." (Steyrer 2015: 22f) Auf Basis dieser Definition entsprechen die Managementaufgaben eher den Erwartungen des Topmanagements. Der Anteil des Leaders gibt einen ersten Überblick über die Erwartungen und Bedürfnisse der Mitarbeiter.

Für die Pflegenden in den Abteilungen ist die Stationsleitung der direkte Vorgesetzte, ihr unmittelbarer Ansprechpartner. Diese Funktion stellt die zentrale Erwartung deutlich hervor. Pflegende erwarten von ihren Stationsleitungen, dass sie ansprechbar sind und somit auch unmittelbar vor Ort. Als Person, die ihnen gegenüber die klassischen Aufgaben der Personalführung übernimmt sowie beispielsweise Zielvereinbarungen, Beurteilungen und Entwicklungen, erwarten die Pflegenden sowohl räumliche wie auch fachliche Nähe. (s. Dr. Jürgen Meyer Stiftung 2011: 12) Mit den Aufgaben der Personalführung ist eine weitere, eher stumme Erwartungshaltung verbunden, die Mitarbeiter häufig nicht in dieser Deutlichkeit kommunizieren, darauf angesprochen jedoch in der Regel bestätigen würden. Sie erwarten ganz intuitiv, dass bei der Art und Weise wie ihnen begegnet wird, ihre persönlichen und individuellen Wertvorstellungen und Motivationsfaktoren berücksichtigt werden. (s. Dr. Jürgen Meyer Stiftung 2011: 12) (vgl. Abs. 5.2.1)

Motivation und Zufriedenheit erlangt die Stationsleitung hauptsächlich durch ein Instrument, mit welchem sie nicht nur unmittelbaren Einfluss auf die Arbeitsleistung des Mitarbeiters nimmt, sondern auch auf dessen Privatleben: Die Dienstplangestaltung. Pflegende erleben ihre Arbeitszeiten (Schichtarbeit, Wochenend- und Feiertagsarbeit) häufig als deutliche Einschränkung in ihrem Privatleben. Die Unzufriedenheit, die diese Einschränkung mit sich bringt, variiert im Zusammenhang mit den individuellen Lebensphasen. Es steht jedoch außer Frage, dass über eine gut kommunizierte Dienstplangestaltung der Weg zur Leistungsbereitschaft der Mitarbeiter gesteigert werden kann. Denn wie jeder Mitarbeiter erwarten auch Pflegende, dass ihre Bedürfnisse und Wünsche Gehör finden.

Im Zuge der Veränderungen, die der Krankenhaussektor in den letzten Jahrzehnten vollzogen hat, änderte sich auch die Rolle der Stationsleitung. (vgl. Abs. 2.2.1 und Abb. 3) Während in den frühen Zeiten der sogenannten „Oberschwestern" die Leitungsaufgaben längst nicht so umfangreich wie heute waren, wurden diese damals noch neben der eigentlichen Pflegetätigkeit erledigt. Die Stationsleitung war also damals eine Person, welche die gleichen Tätigkeiten wie ihre Mitarbeiter erfüllte und zusätzlich organisatorische Pflichten wahrnahm. Heute arbeiten Stationsleitungen in vielen Bereichen fernab der patientennahen Pflegetätigkeit. Dennoch erwarten die Pflegenden von ihren Führungskräften neben Fachkenntnissen, auch den Blick für die organisatorischen Regelungen und Abläufe der Station. Mitarbeiter erwarten, dass ihre Stationsleitung die Abläufe der Abteilung so gut kennt, dass bei der Übertragung der Unternehmensstrategien auf den Bereich mögliche Probleme im Voraus erkannt und vermieden werden.

So wie das Topmanagement seine Ansprüche an den Informationsfluss hat (vgl. Abs. 4.2.1), erwarten auch die operativ tätigen Pflegenden eine gute Informationsvermittlung. Sie verlangen einerseits, dass wichtige Informationen über die Unternehmensentwicklung an sie weitergegeben werden. Andererseits fordern sie aber auch, dass die Stationsleitung als ihr Fürsprecher fungiert und ihre Wünsche und Forderungen nach oben vermittelt.

4.3 Führungsstile

Führung beinhaltet immer eine Art Einflussnahme, streng genommen sogar eine bewusste und geplante Beeinflussung. Über verschiedene Maßnahmen und Wege ist es das Ziel der Führungskraft, die Mitarbeiter dazu zu bringen bestimmte Aufgaben in einer bestimmten Weise zu verrichten. Die Art, wie die Führungsperson ihre Maßnahmen wählt und umsetzt, wie sie eingreift und Einfluss nimmt, bezeichnet man als Führungsstil.

Fast alles, was man über Führung und Führungsstile sagen kann, lässt sich auch über Erziehung und Erziehungsstile sagen. So trifft die Aussage über die Bewertung von Erziehungsstilen, die Sigrid Tschöpe-Scheffler in ihrem Aufsatz über entwicklungshemmendes versus entwicklungsförderndes Erziehungsverhalten tätigt, auch auf die Bewertung von Führungsstilen zu. „Je nach kulturellen, historischen oder gesellschaftlichen Bedingungen, nach theoretischem Bezugsrahmen oder zu Grunde liegendem Menschenbild werden diese Verhaltensweisen als richtig oder falsch bewertet." (Tschöpe-Scheffler 2010: 303)

So wurden in den vergangenen Jahrzehnten etliche Führungsmodelle entwickelt, debattiert und erforscht, stets angelehnt an die verschiedensten Sozial- und Verhaltensforschungen. Eine Differenzierung, die hilft eine grobe Ordnung in die verschiedenen Führungstheorien zu bringen, bietet der Soziologe Johannes Steyrer. Er differenziert dabei auf zwei Ebenen. Zum einen kann man die vorhandenen Führungstheorien und -stile in universelle und situative unterteilen. Universelle Theorien vertreten dabei die Auffassung, dass situationsunabhängig immer ein allgemein gültiger, bester Weg zu führen existiert.

„Im Gegensatz dazu unterstellen situative Führungstheorien, dass effektive Führung davon abhängt, wie gut die Person des Führenden, sein Verhalten und die jeweilige Situation aufeinander abgestimmt sind und zueinander passen." (Steyrer 2015: 30f)

Die zweite Ebene, in der Steyrer differenziert, ist die der Eigenschafts-versus Verhaltenstheorien. Eigenschaftstheorien gehen davon aus, dass es feste Persönlichkeitsstrukturen gibt, die Führungserfolg maßgeblich beeinflussen. Verhaltenstheorien hingegen vertreten die Auffassung, dass es egal ist, wer die Führungsperson ist, entscheidend für ihren Führungserfolg ist lediglich, was sie tut. (s. Steyrer 2015: 30f) Dieser Systematisierung folgend ergibt sich das in Abbildung 7 dargestellte Raster zur Einteilung von Führungstheorien.

In Bezug auf den Zusammenhang zwischen Commitment und Führungsverhalten sind insbesondere die universellen Verhaltenstheorien relevant, daher wird auf eine detaillierte Betrachtung anderer Führungstheorien an dieser Stelle verzichtet.

	Eigenschaftstheorien	Verhaltenstheorien
Universelle Theorien	Universelle Eigenschaftstheorien	Universelle Verhaltenstheorien
Situative Theorien	Situative Eigenschaftstheorien	Situative Verhaltenstheorien

Abbildung 7: Einteilung der Führungstheorien (s. Steyrer 2015: 31)

4.4 Führung als universelle Verhaltenstheorie

Den Erläuterungen in Absatz 4.3 folgend gehen die Führungsstile, die sich den universellen Verhaltenstheorien zuordnen lassen, von der Grundannahme aus, dass es eine allgemein gültige, richtige Weise zu führen gibt. Die Grundprinzipien dieser Auffassung von Führung lassen sich dann auf alle Situationen übertragen und führen immer zum besten Ergebnis. Diese Führungsweise ist dabei durch bestimmte Verhaltensweisen geprägt und daher personenunabhängig anwendbar.

4.4.1 *Überblick Forschungslage*

Wie bereits in Absatz 4.3 erwähnt, gibt es deutliche Parallelen zwischen Führung und Erziehung. So ist es nicht verwunderlich, dass die Grundlage der Diskussionen über Führungsstile sich in einem Laborexperiment mit Jugendlichen begründet. In den 1930er Jahren erforschte die Universität von Iowa, unter Leitung von Kurt Lewin, die Auswirkungen von unterschiedlichem Führungsverhalten auf die Beteiligung von Jugendlichen in einem Projekt. Hierzu wurden drei Gruppen gebildet, denen die selbe Aufgabenstellung übertragen wurde. Die jeweiligen Gruppenleiter unterschieden sich jedoch in ihrem Führungsverhalten. Man unterteilte zwischen dem demokratischen Führungsverhalten, dem autoritären Führungsverhalten und dem Laissez-faire-Führungsstil. (s. Steyrer 2015: 41) (s. Anlage A.2 Varianten des Führungsstils in der Iowa-Studie von Kurt Lewin)

> „Die abgeleitete Folgerung lautete: Sowohl demokratische, als auch aufgabenorientierte (aber nicht unbedingt autoritäre) Führung beeinflussen Produktivität, Zufriedenheit und Gruppenkohäsion tendenziell positiv. Irgendeine Führungsaktivität ist in der Regel besser als keine (Laissez-faire-Führungsstil)." (Steyrer 2015: 41)

Aufbauend auf diesen Ergebnissen forschte ein interdisziplinäres Team der Ohio State University im Rahmen der sogenannten *Ohio State Leadership Studies* an der Entwicklung eines Instrumentes zur Kategorisierung von Führungsverhalten. Der von ihnen entwickelte Fragebogen (LBDQ – Leader Behavior Description Questionnaire) diente in dazu unabhängige Dimensionen im Führungsverhalten zu identifizieren. Dazu wurden über 1000 Verhaltensbeschreibungen analysiert und kategorisiert, bis sich schließlich zwei unabhängige Faktoren herauskristallisierten, mit denen der überwiegende Teil der Verhaltensweisen erfasst werden konnte. (s. Steyrer 2015: 42)

1. **Aufgabenorientierung** (initiating structure):

   Strukturierung, Definierung von Zielen; Klärung von Wegen zum Ziel; Aktivierung; Leistungsmotivation; Kontrollfunktion und Beaufsichtigung

2. **Mitarbeiterorientierung** (consideratio):

   Wertschätzung; Transparenz und Offenheit; Gesprächsbereitschaft; Einsatz und Fürsorge für den einzelnen Mitarbeiter; Zugänglichkeit. (s. Bhagwati, M. 2017)

   > „Ein zentrales Ergebnis der Ohio-Studien lautet: Aufgaben- und Mitarbeiterorientierung schließen einander nicht aus, sondern sind voneinander unabhängig." (Steyrer 2015: 43)

Sie können in verschiedenen Ausprägungen miteinander auftreten, wie der Ohio-State-Leadership-Quadrant in Abbildung 8 zeigt.

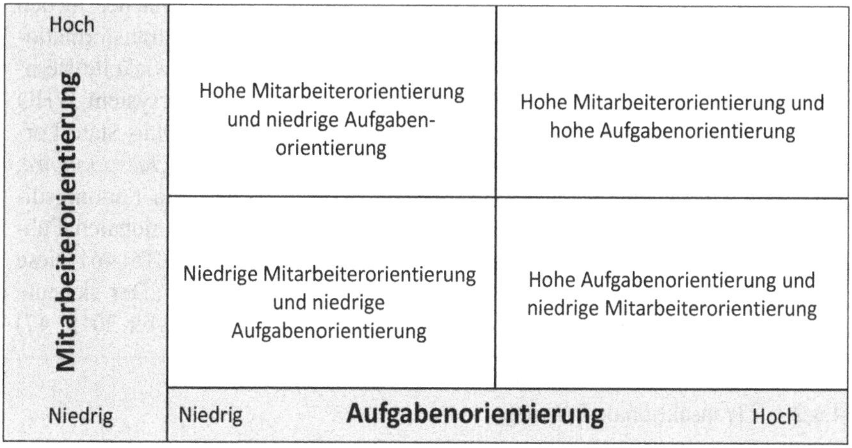

Hoch		
Mitarbeiterorientierung	Hohe Mitarbeiterorientierung und niedrige Aufgabenorientierung	Hohe Mitarbeiterorientierung und hohe Aufgabenorientierung
	Niedrige Mitarbeiterorientierung und niedrige Aufgabenorientierung	Hohe Aufgabenorientierung und niedrige Mitarbeiterorientierung
Niedrig	Niedrig **Aufgabenorientierung** Hoch	

Abbildung 8:   Ohio-State-Leadership-Quadrant (Steyrer 2015: 43)

Weiterführende Analysen zeigten zudem,

„ … dass beide in den Ohio-State-Studien identifizierten Führungsdimensionen, Mitarbeiter- und Aufgabenorientierung, sowohl mit Zufriedenheits- und Motivation- als auch mit Leistungsindikatoren positiv korrelieren, wobei der Zusammenhang für Mitarbeiterorientierung und Zufriedenheits- und Motivationsindikatoren besonders deutlich ist." (Steyrer 2015: 44)

4.4.2 Universelle verhaltenstheoretische Führungsstile

Auf Basis der in Absatz 4.4.1 geschilderten Forschungsergebnisse folgte, verhaltenswissenschaftlich fundiert, die Auseinandersetzung mit Führung. Die dort herausgestellten Führungsdimensionen bildeten dabei die Grundlage für die Entwicklung zahlreicher Konzepte zum Thema Führung. (s. Steyrer 2015: 46) Unter anderem waren sie richtungsweisend für zwei universell verhaltenstheoretische Führungsstile, welche im Folgenden differenzierter betrachtet werden sollen: „Transaktionale Führung" und „Transformationale Führung". Dabei sei vorangestellt, dass diese Führungsstile zwar unterschiedlich in Bezug auf die Bindung an die Organisationsziele sind (Identifikation versus Kalkulation [vgl. Kapitel 3]), aber dennoch nicht als widersprüchlich oder inkompatibel, sondern im Gegenteil als einander ergänzend zu betrachten sind. (s. Steyrer 2015: 53)

Der Politologe James MacGregor war einer der ersten, welcher in den 1970er Jahren die Unterscheidung zwischen transaktionaler und transformationaler Führung unternahm. Auf seinen Annahmen begründet entwickelte Bernhard M. Bass die Unterscheidungsmerkmale weiter. (s. Managersystem WHQ 2017) Ähnlich dem in Absatz 4.4.1 beschriebenen LBDQ der Ohio-State Forscher, entwickelte er den sogenannten *Multifactor Leadership Questionnaire*, kurz MLQ. Dieser unterscheidet insgesamt sieben verschiedene Führungsdimensionen. Vier dieser Dimensionen lassen sich der transformationalen Führung zuschreiben, zwei der transaktionalen Führung. (s. Steyrer 2015: 46) Diese werden in den kommenden Absätzen entsprechend aufgeführt. „Der siebente Faktor des MLQ repräsentiert ein Laissez-faire-Verhalten." (Steyrer 2015: 47) (vgl. Abs. 4.4.1/vgl. Anlage A.2)

4.4.2.1 Transaktionale Führung

Einen ersten Einblick in den Grundsatz der Transaktionale Führung erhält man bereits, wenn man sich den Wortursprung von „transaktional" anschaut. So stammt *transactio(n)* aus dem spätlateinischen und bedeutet Übereinkunft oder Abschluss. Auch heute noch steht *die Transaktion* für ein wechselseitiges Tauschgeschäft. (s. Bibliographisches Institut 2017a) Das transaktionale Führungsprinzip beruht entsprechend auf dem Handel mit Leistungen und Gegenleistungen. Der Führende bringt vereinfacht gesprochen den Geführten dazu ein Ziel zu erreichen, indem er dieses Ziel mit einer Belohnung verknüpft. Basierend auf dem Prinzip der Verstärkung nimmt die Führungskraft, durch Belohnungen und Sanktionen, zusätzlich noch Einfluss auf den Weg zum Ziel. (s. Neuberger 2002: 197)

Eine Führungsperson hat, wie in Absatz 4.2.1 geschildert, die Aufgabe die Unternehmensziele an den Mitarbeiter weiterzugeben. Das transaktionale Führungsverständnis modifiziert diese Führungsfunktion. Denn durch die gezielte Verknüpfung mit einer (für den Mitarbeiter lukrativen) Belohnung, wird das Erreichen des Unternehmensziels zum Ziel des Mitarbeiters gemacht. Belohnung bedeutet dabei nicht, wie vielleicht naheliegend, zwangsläufig eine monetäre Zuwendung. Auch Wertschätzung durch die Übertragung anderer, verantwortungsvollerer Aufgaben, eine Beförderung oder die Ermöglichung einer bestimmten Weiterbildung können in diesem Anreizsystem genutzt werden. „Bei der Vergabe von Belohnungen orientiert sich der Führer an den Bedürfnissen und Präferenzen des Geführten." (Wunderer 1997: 185)

An dieser Stelle ließe sich bereits leicht der Bogen zum Commitment spannen. Dieser Schluss wäre jedoch vorschnell, denn die Bindung, die die Führungskraft im Rahmen der transaktionalen Führung erzeugt, ist lediglich eine kurzfristige. Der Mitarbeiter fühlt sich zwar augenscheinlich dem Unternehmensziel verbunden und damit auch der Organisation, diese Bindung fußt jedoch lediglich auf der mit dem Erreichen des Ziels verknüpften Belohnung. Ist das Ziel und damit die Belohnung erreicht, erlischt auch die Bindung. Burns drückt dies folgendermaßen aus: „A leadership act took place, but it was not one that binds leader and follower together in a mutual and continuing pursuit of a higher purpose." (Burns 1978: 20) Es kommt also lediglich zu einer von beiden Seiten bewusst kalkulierten und zeitlich begrenzten Bindung zwischen Führendem und Geführtem.

Die Grundprinzipien der transaktionalen Führung lassen sich mit den, in Absatz 4.4.2 erwähnten, Führungsdimensionen des MLQ nach Bass wie folgt zusammenfassen:

- **Bedingte Verstärkung/Belohnung**: beschreibt das *zielgerichtete* Prinzip des Handels Leistung gegen Gegenleistung (Belohnung); die Führungskraft verdeutlicht, welches Ziel erreicht werden soll und definiert klar die darauffolgende Belohnung

- **Management by Exceptions (MbE)**: beschreibt das *auf den Weg gerichtete* Prinzip des Eingreifens durch die Führungskraft; es wird unterschieden zwischen MbE-aktiver Führung (tritt in Erscheinung bei außerplanmäßigen Abweichungen) und MbE-passiver Führung (behält den Status quo im Auge und tritt nur bei äußerster Notwendigkeit in Erscheinung) (s. Grunau 2014: 13f)

4.4.2.2 Transformationale Führung

Auch bei der transformationalen Führung macht es Sinn, sich zunächst den Wortursprung anzuschauen. So steht das lateinische *transformare* für die Umwandlung, das Umformen oder Umgestalten einer Sache, also grob ausgedrückt für eine Veränderung. (s. Bibliographisches Institut 2017b)

Und Veränderung ist es auch, was der transformationale Führungsstil anstrebt. So versucht der Führende die Werte und Motive seiner Mitarbeiter so zu ändern (transformieren), dass sich ihre Bedürfnisse und Präferenzen im Sinne des Führenden und des Unternehmens verändern. (s. Wunderer 1997: 185) „Such a leadership occurs when one or more person engage with others in such a way that leaders and followers raise one another to higher levels of motivation and morality." (Burns 1978: 20)

Der deutsche Psychologe Oswald Neuberger formuliert die Botschaft, die der transformational Führende im übertragenen Sinne an die Geführten weitergibt, wie folgt: „Dein Leben hat einen Sinn, wenn wir (=das Unternehmen als verschworene Gemeinschaft) Erfolg haben – und das ist dann (auch) Dein Erfolg und Dein Lebenssinn, für den sich jedes Opfer lohnt!" (Neuberger 2002: 200). Diese Botschaft verdeutlicht eindrücklich, worum es bei der transformationalen Führung geht, wenngleich sie vielleicht etwas überdeutlich formuliert ist.

Das Ziel dieses Führungsansatzes ist es die Mitarbeiter auf eine emotional-sinnstiftende Art und Weise an die Organisation und die Unternehmensziele zu binden. Über die kognitive Ebene hinaus wird auf die Persönlichkeit der Mitarbeiter eingewirkt und so versucht ihr Verhalten zu steuern. (s. Wunderer 1997: 187) Anders als beim transaktionalen Führungsstil wird hier also eine tatsächliche (Teil-)Identifikation mit dem Unternehmen (und seinen Zielen) aufgebaut. Mit transformationaler Führung wird folglich das angestrebt, was Meyer und Allen als affektives Commitment bezeichnen. (vgl. Abs. 3.2.1) Die vier Führungsdimensionen des MLQ, die den Rahmen für eine transformationale Führung bilden (vgl. Abbildung 9), sind folgende:

- **Charisma**: beschreibt das Ausmaß in welchem dem Führenden Vertrauen und Respekt entgegengebracht wird; in wie weit folgt der Führende einer Berufung; Handlungsweise, die Respekt erzeugt und verdeutlicht, wie wichtig es ist, 100% für die Sache zu geben

- **Intellektuelle Stimulierung**: der Führende regt dazu an eingefahrene Denkmuster aufzubrechen und neue Wege zu gehen; fordert und fördert innovatives Denken und Verhalten

- **Individuelle Betrachtung**: Berücksichtigung des Einzelnen; persönliche Wertschätzung jedes Geführten; Angebot von Hilfe und Anleitungen im Prozess

- **Inspiration**: Emotionalisierung und Aktivierung der Geführten durch Kommunikation; motivierende Vermittlung von Zukunftsvisionen (s. Steyrer 2015: 47)

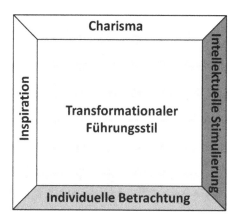

Abbildung 9:   Die vier Dimensionen transformationaler Führung (s. Neuberger 2002: 198)

Die Beschreibung dieser Dimensionen zeigt auch die Komplexität, die hinter diesem Führungsverhalten steckt. Ähnlich wie beim Belohnungssystem der transaktionalen Führung, muss die Führungskraft auch für diesen Ansatz die Präferenzen ihrer Mitarbeiter kennen und deuten können. Sich die Prinzipien der transformationalen Führung zu eigen zu machen, stellt zweifelsfrei eine Herausforderung dar, die jedoch mit einem hohen Maß an Respekt und Leistungsbereitschaft der Mitarbeiter belohnt wird. (vgl. 6.2.2.3 und 6.2.2.4)

5 Sozialtheoretische Betrachtung von Mitarbeitern und Führungsverhalten

Will man das Verhältnis zwischen Führungskraft und Mitarbeiter sowie den sozialen Interaktions-Aspekt eines Unternehmens wissenschaftlich betrachten, empfiehlt sich ein Ausflug in die Soziologie. Im Folgenden sollen die Sichtweisen zweier bedeutender Soziologen, Talcott Parsons und George Herbert Mead, Erläuterung finden und helfen den Blick auf die gerade genannten Konstellationen zu schärfen.

Parsons und Mead haben sich über Jahre hinweg mit der Gesellschaft, ihren Individuen und den sozialen Interaktionen beschäftigt. Ihre Theorien sind über Jahrzehnte hinweg gewachsen und entsprechend detaillierter geworden. Die in diesem Kapitel folgenden Absätze öffnen das Fenster zu diesen Theorien nur einen Spalt. Sie gewähren nur Einsicht in einen kleinen Teilaspekt und können die Werke von Parsons und Mead nicht in Gänze darstellen. Daher wurden beide Theorien im Kontext der Thematik heruntergebrochen, gekürzt und vereinfacht dargestellt. Detaillierte Einblicke bieten die entsprechenden Werke in den Quellenangaben.

Es soll nicht verschwiegen werden, dass sich sowohl Parsons wie auch Mead im Laufe der Jahrzehnte verschiedensten Kritiken stellen mussten. Da beide Theorien jedoch im Zuge der Thematik später nur in Auszügen genutzt werden und lediglich als Leitplanken dienen, soll den Kritikern an dieser Stelle keine Beachtung geschenkt werden.

5.1 Talcott Parsons – Übersicht Strukturfunktionalismus

Talcott Parsons ist ein US-amerikanischer Soziologe, der von 1902-1979 lebte. Auf ihn begründet sich der sogenannte Strukturfunktionalismus, eine Handlungs- und Gesellschaftstheorie, mit der er den Versuch unternahm soziale Ordnung zu erklären und zu analysieren. (s. Anthrowiki 2017) Parsons erkannte dabei zunächst in bereits vorhandenen Theorien *eine übergreifende normative Ordnung* als Gemeinsamkeit. Er befasste sich mit der Frage, weshalb sich Individuen bei ihren Handlungen an normativen Standards orientieren. Seine Auseinandersetzung mit verschiedenen Theorien zu dieser Fragestellung brachten ihn schließlich zu dem Ergebnis, dass eine Handlungseinheit (unit act) stets aus

© Springer Fachmedien Wiesbaden GmbH, ein Teil von Springer Nature 2018
S. Pfeiffer, *Commitment in der stationären Krankenpflege*, Best of Pflege,
https://doi.org/10.1007/978-3-658-23323-5_5

gewählten Zielen und selektierten Mitteln besteht. Beides impliziert immer eine Orientierung an normativen Standards. Denn, so Parsons, die Werte leiten die Wahl der Ziele und die Normen bestimmen dabei die zulässigen Mittel. (s. Schneider 2008: 175)

Jedes Handlungssystem setzt sich dabei aus folgenden Systemen zusammen:

- Verhaltenssystem (Bedürfnisdisposition, organische Ausstattung)

- Persönlichkeitssystem (Wertorientierung und Motive)

- Sozialsystem (Organisation wechselwirkender sozialer Beziehungen)

- Kultursystem (Ideen, Werte, Symbole) (s. Schroeter 2010: 13f)

Durch diese Subsysteme des Handlungssystems gehen die individuellen Begehrlichkeiten und Interessen eine Verbindung mit den Werten und Normen der Gesellschaft ein. Individuelles Wollen und soziales Sollen treffen sich auf einer gemeinsamen Stufe. (s. Schneider 2008: 175) Dies geschieht laut Parsons dadurch, dass Individuen innerhalb ihrer Handlungen die Handlungselemente an die äußeren Bedingungen der Situation anpassen.

Um diese Anpassungsleistungen ordnen zu können hat Parsons mit den sogenannten *pattern variables* ein Analyseinstrument für die Einordnung der Werteorientierung von Individuen entwickelt. Diese Orientierungsalternativen sind in fünf Gegensatzpaaren angeordnet.

1. Affektivität versus affektive Neutralität

2. Diffusität versus Spezifizität

3. Kollektivitätsorientierung versus Selbstorientierung

4. Partikularismus versus Universalismus

5. Zuschreibung (Qualität) versus Leistung

Eine inhaltliche Darstellung der *pattern variables* findet sich im Absatz 5.1.2.

Innerhalb seiner Systemtheorie versucht Parsons zudem die Frage zu beantworten, wie Gesellschaft(en) funktionieren und was die Voraussetzungen für stabile Gesellschaftssysteme sind. Um seine Antwort zu verdeutlichen, ist zunächst die Differenzierung der Begriffe Struktur und Funktion sinnvoll, aus denen sich Parsons Systemtheorie zusammensetzt. Ein anschauliches Beispiel dafür ist der menschliche Körper. Der menschliche Organismus als Gesamtsystem besteht unter anderem aus Knochen und Muskeln, die ihrerseits einzelne Subsysteme sind. Diese Einteilung, also der rein anatomische Blick auf den

Organismus, zeigt die Struktur des Systems. Den statischen Aspekt. Die einzelnen Subsysteme agieren jedoch miteinander. Die Aufgabe des Herzens beispielsweise ist vereinfacht gesprochen die Versorgung des Körpers mit Blut. Signalisiert ein anderes Subsystem, dass es zu wenig davon erhält, reagiert das Herz, in dem es schneller schlägt. Wird der Körper durch äußere Reize wie zum Beispiel das Hupen eines vorbeifahrenden Autos erschreckt, also durch die extrinsische Umwelt beeinflusst, so schlägt es ebenfalls schneller. Es tritt also in Interaktion mit anderen Organismen und mit der Umwelt. Diesen Teil bezeichnet man als Funktion, als dynamischen Teil des Systems.

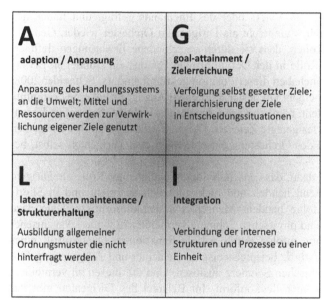

Abbildung 10: AGIL-Schema nach Parsons (s. Schroeter 2010: 15)

Weiterführend hat Parsons erkannt, dass die Struktur eines Systems immer von der Funktion abhängt. Um bei dem oben genannten Beispiel zu bleiben, versagt die Funktion/der Kreislauf, stirbt das System/der Körper. Die vier, seiner Meinung nach notwendigen, Funktionen zur Strukturerhaltung des Gesamtsystems Gesellschaft finden sich im AGIL-Schema wieder, welches in Abbildung 10 dargestellt ist. Dieses AGIL-Schema lässt sich, Parsons Theorie folgend, auf jedes Subsystem übertragen und an dessen Struktur adaptieren.

5.1.1 Handeln in beruflichen Rollen in Anlehnung an Talcott Parsons

Innerhalb des Gesamtsystems Gesellschaft ist der einzelne Mensch nach Parsons ein in Rollen agierendes Individuum. Um darzustellen, wie das Individuum in bestimmten, wie zum Beispiel der beruflichen Rolle, handelt, ist es zunächst wichtig darzustellen, was Parsons unter *Rollen* versteht.

Um grob zu erläutern, was mit einer Rolle gemeint ist, hilft es den Menschen in Zusammenhang mit den Subsystemen der Gesellschaft zu sehen. So ist seine Rolle innerhalb der Schule beispielsweise die eines Schülers. Nach Schulschluss erfüllt der gleiche Mensch am Mittagstisch hingegen die Rolle des Sohnes. Der erwachsene Mann, der beruflich die Rolle des Lehrers erfüllt, ist zuhause in der Rolle des Vaters oder des Ehemanns gefragt und findet sich innerhalb seines Hobbys vielleicht als Dirigent im Orchester wieder. Gemeinsam ist all diesen Rollen, dass sie durch verschiedene Erwartungen definiert werden. So ist eine Rolle in der Definition von Parsons ein Bündel an Erwartungen, die an das Innehaben dieser Position geknüpft sind. (s. Schneider 2008: 133) Der Dirigent in einem Orchester trägt einen Anzug. Er hat eine bestimmte Position, an der er steht, nämlich vorne. Er gibt den Takt an, beginnt und beendet das Stück durch festgelegte Zeichen. Diese Erwartungen an den Dirigenten sind jedem Mitglied des Orchesters, einschließlich dem Dirigenten selbst, bekannt.

Was aber führt dazu, dass das Individuum auch seiner Rolle als Dirigent entspricht, entsprechend handelt und nicht plötzlich ausbricht und in Shorts auftritt? Parsons zufolge handeln Menschen systemkonform, weil sie dazu neigen psychischen und physischen Schmerz vermeiden zu wollen. Psychischer Schmerz entsteht ihm zufolge durch soziale Sanktionen. Der Auftritt eines Dirigenten in Shorts würde beispielsweise zu Gelächter und Ausgrenzung führen, dies würde psychischen Schmerz auslösen. Und um diesen zu vermeiden, handelt das Individuum rollenkonform. Im Beispiel des Dirigenten gibt das Orchester als Institution den Mitgliedern eine Struktur vor, die es ihnen ermöglicht in stabilen Beziehungsmustern miteinander agieren zu können.

Damit diese stabilen Beziehungsmuster und die systemkonformen Handlungsweisen auch gesamtgesellschaftlich funktionieren, müssen Individuen die Kultur und die Werte ihrer Gesellschaft erlernen. Dies geschieht innerhalb des Sozialisationsprozesses. Hier erlernt der einzelne Mensch – seinen Trieben entgegengesetzt – sozialkonformes Handeln als befriedigend zu empfinden. Wie in Absatz 5.1 bereits angedeutet wird, entwickelt der Mensch eine Art Kompromiss aus seinem individuellem Wollen und dem sozialen Sollen. (s. Schneider 2008: 175) Parsons orientiert sich bei seiner Sozialisationstheorie am Reiz-Reaktionslernen des Behaviorismus, bringt dieses jedoch in direkten Zusammenhang mit der psychosexuellen Entwicklung nach Sigmund Freud. Er geht vereinfacht gesprochen davon aus, dass die verschiedenen Entwicklungsphasen nach Freud jeweils eine Erweiterung der Rollenmuster, Werte und Normen mit sich bringen. (s. Anlage A.3 Phasen der psychosexuellen Entwicklung nach Sigmund Freud)

Das „*Handeln in bestimmten Rollen*" lässt sich auch auf die berufliche Rolle übertragen. Hat ein Individuum sich für einen Beruf entschieden, geht der Ausübung meist eine Ausbildung oder ein Studium voraus. Zweifelsfrei wird dort der Grundstein für das berufliche Handeln gelegt. Der Mensch durchläuft im Grunde so etwas wie eine erneute, berufsspezifische Sozialisation. Er erlernt, neben den fachspezifischen Grundlagen für den Beruf, die rollenspezifischen Erwartungen, die an die Ausübung der entsprechenden Position geknüpft sind. Nach Parsons Theorie verfügt der Mensch am Ende seiner Ausbildungszeit also über eine rollenspezifische Werteorientierung. (vgl. Absatz 5.1 / 5.1.2 pattern variables) Er hat die Erwartungen, die an seinen Beruf geknüpft sind, verinnerlicht und ist fähig, sich innerhalb seiner beruflichen Organisation (durch Funktionen im Sinne von *adaption, goal-attaintment, integration und latent pattern maintenance* [vgl. Abs. 5.1 und Abb.10]) systemkonform zu verhalten.

5.1.2 Die Rolle der Pflegekraft nach Parsons

Im Sinne des Strukturfunktionalismus von Parsons lässt sich ein Krankenhaus durchaus als Gesamtsystem bezeichnen. Die verschiedenen Abteilungen sind dabei zweifelsfrei Subsysteme, in denen verschiedene Individuen auf differenzierteste Weise handeln und agieren.

Welche Rolle die einzelne Pflegekraft innerhalb des Unternehmens spielt oder spielen will, liegt dabei nicht direkt auf der Hand. Wie in Absatz 5.1.1 dargestellt ist eine Rolle ein Bündel an Erwartungen, die mit dem Innehaben der jeweiligen Position verbunden sind. Es ist naheliegend, dass ein Patient andere Erwartungen an eine Pflegekraft hat als beispielsweise ein Oberarzt. Während der Patient sich Empathie und Zeit wünscht, erwartet der Oberarzt Aufmerksamkeit und Fachkompetenz. Diese zunächst differenten Erwartungen scheinen nicht mit Parsons einherzugehen. Doch bei genauer Betrachtung stützen sie seine Theorie. Denn, wie in Absatz 5.1.1 geschildert, ist eine Rolle ein Bündel an Erwartungen. Und die Kernaussage ist dabei, dass die Erwartungen an diese Rolle jedem Mitglied des Systems bekannt sind. Würde man den Oberarzt fragen welche Erwartungen seiner Meinung nach ein Patient an seine

Pflegekraft stellt, wären Empathie und Zeit sicher mit auf der Liste der Antworten. Andersherum weiß auch der Patient um den Wunsch des Arztes nach Fachkompetenz und Aufmerksamkeit. An dieser Stelle zeigt sich sogar die Verknüpfung zwischen den Erwartungen. Denn der Patient hat Empathie und Freundlichkeit nur deshalb an erster Stelle seiner Erwartungen, da er voraussetzt, dass die Fachkompetenz der Pflegekraft bereits an anderer Stelle erwartet und überprüft wurde.

Die Pflegekraft wiederum hat die Erwartungen und Werteorientierungen, die an ihren Beruf geknüpft sind, im Rahmen ihrer Ausbildung vermittelt bekommen. Parsons bietet, mit den in 5.1 bereits erwähnten *pattern variables,* ein Analyseinstrument zur Einordnung von Werteorientierung von Akteuren in bestimmten Rollen. Der Übertrag dieser Werteorientierung auf eine Pflegekraft in der stationären Krankenpflege sieht wie folgt aus:

1. **Affektivität versus affektive Neutralität**
   Dieses Gegensatzpaar differenziert zwischen einer affektiv besetzten (gemütsabhängigen) Werteorientierung, auch als unmittelbare Bedürfnisbefriedigung bezeichnet, und einer affektiven Neutralität, die den Stellenwert des (Handlungs-)Objektes im Kontext anderer Aspekte des Handlungssystems sieht. (s. Schneider 2008: 128) Eine professionelle Pflegekraft verfolgt immer eine affektive Neutralität. Alle Berufe sollten dem Gesetz der affektiven Neutralität unterliegen, denn private Streitigkeiten oder Antipathien sollten während der Arbeit keine Rolle spielen.

2. **Diffusität versus Spezifizität**
   „Der Akteur entscheidet, inwiefern ein soziales Objekt (d.h. ein anderer Akteur) als Ganzes zum Gegenstand kathektischer Besetzung wird oder nur im Hinblick auf einen beschränkten Bereich von Interessen." (Schneider 2008: 128) Eine Pflegekraft im Krankenhaus ist während ihrer Tätigkeit in einem klar abgesteckten, beruflichen Fokus tätig. Ihre Beziehung zu sämtlichen anderen Akteuren innerhalb der Organisation ist während ihres gesamten Dienstes eindeutig spezifisch. Ihr Familienstand oder ihre Hobbys spielen an dieser Stelle keine Rolle. Die Entscheidung die spezifische Beziehung diffuser werden zu lassen, also private Dinge preiszugeben, wird individuell getroffen und erfolgt in der Regel bewusst.

3. **Kollektivitätsorientierung versus Selbstorientierung**
   Differenziert wird zwischen der Orientierung am Eigeninteresse oder am Kollektiv. (s. Parsons 2016: 425) Von Pflegekräften wird, ähnlich wie von Ärzten, gesellschaftlich erwartet, dass sie sich dem Interesse des Patienten verschreiben. Sie sollen das Wohl des Patienten über ihre eigenen Interes-

sen stellen. Es ist nicht gesagt, dass Pflegekräfte in allen Situationen so handeln, sie sind sich jedoch bei ihrer Orientierung dieser Erwartung durch die Allgemeinheit bewusst. Entscheiden sie sich in einer bestimmten Situation für die Selbstorientierung, so erfolgt dies unter bewusster Inkaufnahme sozialer Sanktion.

4. **Partikularismus versus Universalismus**
Dieses Paar bezieht sich auf persönliche oder professionelle Beziehungen. Während Rollen in der Familie beispielsweise immer partikularistisch besetzt sind verhält sich dies im Beruf anders. Grundsätzlich wird erwartet, dass persönliche Beziehungen zueinander im beruflichen Alltag keine Rolle spielen. (s. Schneider 2008: 135) Pflegekräfte haben oft private Beziehungen zu ihren Kollegen. Wer im Schichtdienst arbeitet, pflegt häufig Freundschaften im beruflichen Umfeld. Es wird dennoch erwartet, dass professionell bewertet wird. Der Fehler des Freundes Bernd, über den man vielleicht hinwegsehen würde, muss außerhalb des freundschaftlichen Kontextes bewertet werden. Die Erwartungshaltung, dass berufliche Beziehungen universalistisch geprägt sind, wird auf allen Ebenen geteilt. In wie weit sich Pflegekräfte/Mitarbeiter daran orientieren, bleibt eine individuelle Entscheidung. Eine partikularistische Haltung wird im beruflichen Kontext allerdings zwangsläufig auf lange Sicht Probleme bereiten.

5. **Zuschreibung (Qualität) versus Leistung**
Die Rolle innerhalb der eigenen Familie wird dem Menschen zugeschrieben. Eine Mutter ist auf Grund der Geburt ihrer Kinder eine Mutter (moderne Familienkonstellationen seien an dieser Stelle einmal ausgeklammert). Die Rolle als Käufer hingegen wird durch eine Leistung, nämlich durch den Erwerb einer Ware/Dienstleistung, hervorgerufen. (s. Schneider 2008: 136) Ähnlich verhält es sich mit beruflichen Rollen. Die Rolle als Pflegekraft erarbeitet man sich zunächst durch eine entsprechende Ausbildung. Das Examen alleine reicht an dieser Stelle allerdings nicht aus, um diese Rolle auch mit Inhalt zu füllen. Durch permanente berufliche Leistung sorgt die Pflegekraft dafür, dass andere sie in dieser Rolle auch wahrnehmen. Streng genommen leistet sie den Erwartungen an diese Rolle Folge und nimmt sie so für sich ein.

5.2 George Herbert Mead – Überblick Symbolinteraktionismus

George Herbert Mead lebte von 1863-1931. Der US-amerikanische Philosoph, Soziologe und Psychologe ist Begründer des symbolischen Interaktionismus.

Mead betrachtete die Gesellschaft auf Mikroebene. Mit Hilfe seiner Theorie versuchte er zu analysieren, wie Menschen sich sozial miteinander verständigen, wie sie ihre Interaktionsprozesse steuern und wie sie ihre Handlungen aufeinander abstimmen. Seine Grundannahme ist dabei, dass die menschliche Sprache als ein Symbolsystem zu verstehen ist. Dieses Symbolsystem verfügt über signifikante Symbole, konkret über Worte, die für alle Menschen die gleiche Bedeutung haben. Die gleiche Bedeutung der Worte/Symbole ist die Grundlage für eine funktionierende Interaktion. Nur wenn die signifikanten Symbole bekannt sind, kann der Einzelne auf einen von ihm ausgelösten Reiz so reagieren wie andere Menschen. (s. Mead 2013: 106) Konkret geht Mead davon aus, dass Menschen bei der Verwendung von Worten (also in der Interaktion mit anderen) versuchen bei ihrem Gegenüber eine ähnliche Vorstellung und/oder Reaktion wie bei sich selbst auszulösen. Dies setzt voraus, dass der Mensch sich in sein Gegenüber hineinversetzen kann. Und Mead geht noch einen Schritt weiter. Er behauptet, dass im Moment der Ansprache gedanklich die Position des Gegenübers eingenommen wird. Damit wird ihm zur Folge die Reaktion des Anderen im Moment der Interaktion zum Teil des eigenen Selbst. Mead sagt also, ohne Perspektivübernahme gibt es kein Selbst. „Das ist der allgemeine Mechanismus des »Denkens«, denn dafür sind Symbole notwendig, in der Regel vokale Gesten, die im Individuum selbst die gleiche Reaktion wie in den anderen auslösen, und zwar so, daß [!] es vom Standpunkt dieser Reaktion aus in der Lage ist, sein späteres Verhalten zu lenken." (Mead 2013: 113)

5.2.1 Handeln in beruflichen Rollen in Anlehnung an George H. Mead

Wie in Absatz 5.2 angedeutet betrachtet Mead vor allem die soziale Interaktion, die seiner Theorie nach Ausdruck des Selbst ist. Er unterscheidet dabei drei Phasen, die das *Selbst* (Self) innerhalb einer Handlung durchläuft und prägte für diese Phasen die Begriffe *Ich* (I) und *Mich* (Me).

Das „Ich", der individuelle, persönliche Anteil des Menschen legt sich einen Handlungsentwurf bereit (Phase 1). Ehe es jedoch zur Aktion kommt, ruft es das „Mich" hervor. Dieses leistet die sogenannte Transferleistung und nimmt die Position des „verallgemeinerten anderen" ein. Das „Mich" prüft die Reaktion auf den Handlungsentwurf aus dessen Perspektive (Phase 2). In Phase 3 entscheidet sich das Individuum schließlich für oder gegen den in Phase 1 entworfenen Plan. (s. Schneider 2008: 209ff) (vgl. Abb. 11)

„The „I" both calls out the „me" and responds to it. Taken together they constitute a personality as it appears in social experience. The self is es-

sentially a social process going on with these two distinguishable phases."
(Mead 2015: 178)

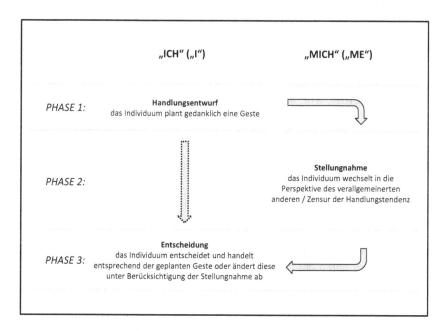

Abbildung 11: Phasen des Handlungsentwurfs nach Mead (s. Schneider 2008: 211)

Der *verallgemeinerte Andere* (generalized others) ist im Sinne von Mead jedoch nicht ausschließlich als direktes Individuum gemeint, er kann auch für eine bestimmte Gruppe oder für die Werte und Normen der Gesellschaft im Allgemeinen stehen.

Deutlicher wird diese Theorie an einem Beispiel. Betrachten wir Angela Merkel in der 2017 geführten Debatte um die sogenannte „Ehe für alle". Lange Zeit hat sich Frau Merkel offensiv, persönlich und im Sinne ihrer Partei gegen dieses Konzept ausgesprochen. Im Zuge des Wahlkampfes zur Bundestagswahl 2017 änderte ihre Partei jedoch das Vorgehen und entschloss sich dazu, die Ehe für alle zur Abstimmung in den Bundestag zu geben. Das „Ich" von Frau Merkel war gegen die Abstimmung. Es hat aber durch die Transferleistung des „Mich" erkannt, dass für die CDU eine andere Entscheidung besser ist. Als ihr „Selbst" die Entscheidung zur Abstimmung verkündete, sprach sie also mit dem Teil des *verallgemeinerten Anderen*, in diesem Fall dem Teil der CDU, den sie zum Teil ihrer Persönlichkeit gemacht hat.

Der Handlungsablauf nach Mead lässt sich auf alle Entscheidungen des Menschen übertragen. Angefangen bei der Kleidungswahl am Morgen und der Frage, ob man die Blicke der anderen in Kauf nehmen will, wenn man als Mann einen Rock trägt, bis hin zur Entscheidung einer Anweisung im Beruf Folge zu leisten oder eben nicht.

Innerhalb einer beruflichen Rolle hängt das Handeln, wenn man Meads Theorie Folge leisten will, in erster Linie davon ab, wer der *verallgemeinerte Andere* ist und wie stark er Einfluss auf das Individuum nimmt. So stellte Frau Merkel im oben dargestellten Beispiel die beruflichen Anforderungen an ihre Person, also die Ansprüche an ihre Funktion als Parteisprecherin und Bundeskanzlerin über ihre persönlichen Präferenzen.

5.2.2 Die Rolle der Pflegekraft im Unternehmen nach Mead

Überträgt man Meads Interpretation von sozialer Interaktion auf die Pflegekraft im Krankenhaus, ist wie in Absatz 5.2.1 angedeutet, ihr Handeln stark davon abhängig, wer oder was die Rolle des *verallgemeinernden Anderen* übernimmt. Da der Abgleich durch das „Mich" innerhalb einer Handlungssituation jeweils durch das „Ich" hervorgerufen wird, trifft diese Entscheidung das Individuum.

Fühlt sich die Pflegekraft als Fürsprecher der Patienten, wird sie in Handlungssituationen die Stellungnahme aus Patientensicht vollziehen. Fühlt sie sich den Arztanweisungen verpflichtet, so wird sie die Stellungnahme aus Sicht des ärztlichen Kollegen vollziehen. Während sich eine Pflegekraft bei Parsons aller an sie gerichteten Erwartungen bewusst ist, erfolgt der Blick auf eine Handlungsentscheidung bei Mead immer aus einer bestimmten Perspektive. Dies bedeutet jedoch nicht zwangsläufig, dass die Pflegekraft bei jeder Handlungsentscheidung über eine Unmenge *blinder Flecken* oder *toter Winkel* verfügt. Meads Phasenmodell lässt sich in einer Art „*Endlosschleife*" durchaus immer wieder wiederholen, mit wechselnder Besetzung der Rolle des verallgemeinerten Anderen. Das „Ich" wiederholt die Phasen dabei solange bis es zu einer Entscheidung kommt, bei der die Schnittmenge aus individueller Zufriedenheit und der Zufriedenheit der anderen am größten erscheint. Im Fall eine Pflegekraft lässt sich der Begriff Zufriedenheit, an dieser Stelle durch Benefit ersetzen, da insbesondere Patienten gerade mit pflegerisch-medizinischen Entscheidungen häufig weniger zufrieden, aber dennoch besser beraten sind.

Diese Erläuterung zeigt bereits, dass Mead nicht für ein starres Rollenmodell steht. Noch deutlicher wird es, wenn man sich seine Gedanken zur Institutionellen Kommunikation anschaut.

Auf die Institution Schule übertragen spricht Mead verallgemeinert von zwei Ebenen, die Einfluss auf das Handeln des Individuums mit der Rolle Schüler nehmen. Dies ist zum einen die Ebene „Hierarchie und Zwang", zum anderen spricht er von „Leistung und Konkurrenz". Während der Lehrer, der hierarchisch über dem Schüler steht, durch Sanktionen und Belohnung eine Art Zwang hervorruft, wird auf der zweiten Ebene durch eben diese Sanktion oder Belohnung der einzelnen Leistung eine Konkurrenz zwischen den Schülern hervorgerufen. Bis hierhin könnte man von einem klassischen Rollenbild sprechen. Mead geht jedoch davon aus, dass Schüler sich abseits der generelleren Anforderungen an ihre Rolle als Schüler, auch spezifischen Anforderungen stellen. Beispielsweise der Herausforderung eine gute Note zu bekommen, ohne gelernt zu haben oder die Pause im Klassenzimmer zu verbringen, ohne erwischt zu werden. Die Schüler testen situationsspezifische Taktiken und sind dadurch in der Lage ihre eigene Identität auszubilden. Sie bewegen sich zwischen Konformität und kalkuliertem Rollenverstoß. Meads Rollenbild ist also kein starres, sondern ein dynamisches.

Das Beispiel von Frau Merkel in Absatz 5.2.1 zeigt dieses dynamische Rollenbild in übertragener Weise ebenfalls. Frau Merkel, die als Bundeskanzlerin und Parteivorsitzender der CDU ihrer Rolle entsprechend eigentlich die revidierte Entscheidung zur Ehe für alle hätte mittragen und nicht nur billigen müssen, hat an dieser Stelle ihrer eigenen Identität den Vorzug gegeben. So agierte sie zwar im Sinne ihrer Partei und erklärte dennoch, dass sie persönlich bei ihrer Entscheidung und somit gegen die Ehe für alle bleibt. Nun könnte man sagen, sie hat ihre Rolle nicht erfüllt, doch im Sinne von Mead sollte man vielmehr von einer individuellen, rollenkonformen Anpassungsleistung sprechen. Sie hat sich dafür entschieden ihrer Persönlichkeit treu zu bleiben und nichts zu vertreten, woran sie nicht glaubt. Gleichzeitig aber signalisiert sie dem Fortschritt (ihrer Rolle entsprechend) keine Steine in den Weg zu legen, wenn ihre Meinung an dieser Stelle divergent zur Meinung der Mehrheit ist.

Für die Rolle von Pflegekräften in Unternehmen lässt sich daher an dieser Stelle nur festhalten wie sie in ihrem Rollenverständnis funktionieren und agieren. Verständnis für die Phasen der Entscheidungsfindung nach Mead ist eine gute Basis, um das Handeln der Pflegenden in verschiedensten Situationen zu analysieren. Der individuelle Rollenanteil, den Mead jedem Menschen zuspricht, macht eine definitive Aussage darüber, welche konkrete Rolle ein Mitarbeiter im Unternehmen spielt, an dieser Stelle nahezu unmöglich. Es gibt aber

Möglichkeiten dieses Rollenverhalten trotzdem zu verändern und zu beeinflussen. (s. Abs. 5.3.2)

5.3 Bedeutung für die Organisation des Führungsverhaltens

„Führung ist eine Methode, „geführte" Menschen für die gesetzten Ziele zu motivieren und auf den Weg der Erfüllung der Ziele mitzunehmen, für den gemeinsamen Erfolg." (Managersystem WHQ 2017b) Oder wie in Absatz 4.2.1 bereits erwähnt: „Führung ist ein Prozess der Beeinflussung anderer, um Verständnis und Akzeptanz dahingehend zu erzeugen, was und wie es getan werden muss, sowie ein Prozess, der individuelle und kollektive Anstrengung zur Erreichung gemeinsamer Ziele erleichtert." (Yukl 2010: 26)

Wieso macht es Sinn an dieser Stelle nochmals auf die Definition von Führung hinzuweisen? Hier wird deutlich, dass Führung vor allem immer etwas mit „gemeinsam" zu tun hat. Führung ist Interaktion. Und sowohl die Erläuterungen von Parsons zum menschlichen Handeln, wie auch Meads Gedanken zur sozialen Interaktion, können der Führungskraft helfen, ihre Führung besser zu organisieren. Wer versteht, wie seine Mitarbeiter denken und agieren, versteht besser, wie er sie formen, anleiten und mitnehmen kann. Wer seine eigene Werteorientierung klar hat, macht sich verbindlich und tritt als stabile Größe auf.

Selbstverständlich unterzogen sich sowohl Mead wie auch Parsons im Laufe der Jahrzehnte immer wieder kritischen Fragen und die Wirklichkeit sozialer Prozesse wird sich wohl nie in Gänze abbilden lassen. Dennoch ist es auch ohne evidenzbasierte Beweise für die Theorien der Soziologen sinnvoll sich Strukturen und Teilaspekte ihrer Gedanken bei der Führungsorganisation zum Nutzen zu machen. Insbesondere wenn die Führung darauf ausgerichtet sein soll eine langfristige Bindung der Mitarbeiter an das Unternehmen zu erreichen.

5.3.1 *Führung in Anlehnung an Parsons*

Parsons pattern variables sind von ihm ursprünglich als Instrument gedacht worden, mit welchem sich die Werteorientierung von Akteuren in bestimmten Situationen analysieren lässt. In Absatz 5.1.2 wurde dargestellt, wie sich eine Pflegekraft, gemäß den pattern variables, innerhalb ihrer beruflichen Rolle im Unternehmen orientiert/orientieren sollte. Bringt man die Variablen in Einklang mit den Erwartungen an Führungskräfte, wie sie im Kapitel 4 aufgeführt sind, so ergibt sich für jedes Gegensatzpaar eine klare Handlungsempfehlung.

1. Affektivität versus **affektive Neutralität**
    Bereits in Absatz 5.1.2 wurde deutlich, dass alle beruflichen Positionen dem Gebot der affektiven Neutralität unterliegen (sollten). Besonders für Führungskräfte muss dieses Gebot zum permanenten Begleiter werden. Sich nicht von Gefühlen und Bedürfnissen leiten zu lassen, ist der Grundstein, auf den jede Führungskraft ihr Führungsverständnis bauen sollte. Wer Situationen, Mitarbeiter und Entscheidungsoptionen im erweiterten Kontext betrachtet, ermöglicht sich damit sein Handeln zu kontrollieren und vor allem auch zu begründen. Auch Führungskräfte treffen Entscheidungen, die hin und wieder nicht zum gewünschten Ergebnis führen oder die beispielsweise aus der Perspektive der Mitarbeiter nicht direkt nachvollziehbar sind. Agiert die Führungskraft affektiv neutral, so kann sie zu jederzeit erläutern, wie sie zu verschiedenen Entscheidungen gekommen ist und welche Motivation dahinter steckte. So verleiht sie auch künftigen Entscheidungen und Anweisungen Gewicht, da sie deutlich machen kann bewusst und rational entschieden zu haben.

2. Diffusität versus **Spezifizität**
    Als Führungskraft empfiehlt es sich einen klar abgesteckten, spezifischen Rahmen seiner eigenen Person zum Interessensgebiet der Mitarbeiter zu machen. Dies bedeutet nicht, dass die Führungsperson mit ihren Mitarbeitern nicht über private Dinge sprechen soll. Im Gegenteil, es kann durchaus hilfreich sein, einen gewissen persönlichen Anteil der eigenen Person für die Mitarbeiter zu öffnen, da dies die Bindung fördert. Die Grenzen sollten jedoch deutlich sein. So kann beispielsweise die Leidenschaft einer Führungskraft für einen bestimmten Fußballverein im Austausch mit den Mitarbeitern Thema sein, weil die Führungskraft sich bewusst dafür entschieden hat diesen spezifischen Teil ihrer Person für die Mitarbeiter zu öffnen. Die Einladung eines einzelnen Mitarbeiters zu einem Stadionbesuch sollte aber abgelehnt werden. Dies wäre ein Zusammentreffen im privaten Rahmen und würde zu verschiedenen Wahrnehmungen bei allen Mitarbeitern führen. Die Führungskraft muss sich bewusst sein, welchen spezifischen Teil ihrer Person sie innerhalb ihrer Funktion als Leitung teilen möchte. Ist sie sich dessen nicht stets bewusst, kann es leicht zu einem Verschwimmen der Grenzen kommen und Diffusität entsteht.

3. **Kollektivitätsorientierung** versus **Selbstorientierung**
    Das dritte Paar der pattern variables ist ein besonderes, denn für die Führungskraft lässt sich an dieser Stelle keine klare Handlungsempfehlung

geben. Vielmehr sollte mit Blick auf die Führungsfunktion an dieser Stelle kein Unterschied gemacht werden können. Die Ziele einer leitenden Kraft sollten sich an den Zielen des Unternehmens orientieren. Eine Führungskraft sollte sich selbst dabei aber immer auch als Teil des Unternehmens sehen, somit sind die Unternehmensziele (Kollektivorientierung) zu einem gewissen Teil auch persönliche Ziele (Selbstorientierung) der Führungskraft. Für Positionen im mittleren Management (vgl. Abs. 4.2) gilt dieses auch in die andere Richtung. Die Zufriedenheit der Mitarbeiter (Kollektivorientierung) sollte ebenso Ziel der eigenen Person sein (Selbstorientierung), da die eigenen Handlungsziele nur mit einer ausgeglichenen Mitarbeitergruppe erreicht werden können.

4. Partikularismus versus **Universalismus**
    Auch diese Position wurde in 5.1.2 schon für alle beruflichen Rollen definiert. Doch gerade Führungskräfte sollten in diesem Punkt keine Ausnahmen zu lassen. Solange sie in der beruflichen Wirkungsstätte aktiv sind, sollten all ihre Beziehungen universalistisch bewertet werden. Freundschaften, private Gefühle oder Beziehungen dürfen einer Führungskraft im täglichen Handeln nicht anzumerken sein. Sie dürfen vor allem Entscheidungen nicht beeinflussen. An dieser Stelle lässt sich eine Parallele zum Gebot der affektiven Neutralität ziehen, unter dem die Begründbarkeit von Entscheidungen eine Handlungsempfehlung war. Persönliche Beziehungen zu Mitarbeitern können zu einer unterschiedlichen Bewertung führen. So sind die regelmäßigen 10 Minuten Verspätung eines Mitarbeiters eine Verhaltensweise, die man als Führungskraft nicht toleriert, für die 10 Minuten eines Freundes läuft man Gefahr ein Auge zuzudrücken. Dieses Beispiel zeigt deutlich, weshalb Führungskräfte sich vor partikularistischen Beziehungen am Arbeitsplatz schützen sollten.

5. Zuschreibung (Qualität) versus **Leistung**
    Eine Führungskraft verfügt über einen entsprechenden Titel, sie hat einen Wirkungsbereich und eine Entscheidungsbefugnis. Diese Dinge führen leicht zu der Annahme, dass Führungskraft etwas ist, das einem zugeschrieben wird. Doch das Gegenteil ist der Fall. Führungskraft, die Kraft zu führen, muss durch Leistung erarbeitet werden. Die unter den Punkten 1-4 genannten Handlungsempfehlungen für Führungskräfte legen einen Grundstein für die Zuschreibung dieser Rolle.

5.3.2 Führung in Anlehnung an Mead

Während die Anlehnung an Parsons der Führungskraft eine persönliche Handlungsmaxime an die Hand gibt, lässt sich mit Hilfe von Mead der Sprung zum

Mitarbeiter wagen und, wichtiger noch, eine erste Anknüpfung zur Bindung des Mitarbeiters. (vgl. Kapitel 3) Die Frage, wie Führung es schaffen kann das Handeln des Mitarbeiters zu beeinflussen, lässt sich einfach beantworten, wenn man sich das Phasen-Model der Handlungsentscheidung von Mead in Erinnerung ruft. (vgl. Abs. 5.2.1 Abb. 11)

Die Führungskraft muss sich selbst, in ihrer Funktion als Stellvertreter des Unternehmens, zum verallgemeinerten Anderen (*generalized others*) der Mitarbeiter machen. Der Führende muss also versuchen die Werte und Motive seiner Mitarbeiter so zu verändern, dass sie denen des Unternehmens entsprechen. Dieser Versuch ist nichts anderes als transformationale Führung. (vgl. Abs. 4.4.2.2) Und wenn er gelingt, werden die Mitarbeiter in jeder beruflichen Handlungsentscheidung die Folgen für das Unternehmen berücksichtigen.

Meads Schema bietet zwar in Phase drei die Möglichkeit, dass der Mitarbeiter sich dennoch gegen den positiven Effekt für das Unternehmen entscheiden könnte und einer anderen Handlungsentscheidung den Vorzug gibt. Diese Möglichkeit lässt sich nicht vollkommen ausschließen. Doch auch hier hat Führung einen Ansatzpunkt. Macht das Unternehmen bei seinen Strategieentwicklungen den Umkehrschluss und setzt seinerseits bei Handlungsentscheidungen den Mitarbeiter an die Stelle des *generalized others*, steigert sich die Wahrscheinlichkeit, dass Unternehmen und Mitarbeiterschar zu einer Einheit zusammenwachsen.

Gegenseitige Achtung, Wertschätzung und Verständnis für die Auswirkungen der eigenen Bewegungen auf die Positionen der anderen Stellschrauben im Unternehmen sorgen für ein Miteinander und verhindern das Gegeneinander. Und ein stabiles Miteinander ist der erste Schritt zu einer Bindung aneinander, die über den Austausch von Leistung gegen Gehalt hinausgeht. (vgl. Abs. 3.2.1)

6 Commitment als gezielte Unternehmensstrategie

Die in Kapitel 2 geschilderten Herausforderungen für den deutschen Pflege-markt und die Krankenhäuser machen es unabdingbar nach Lösungsstrategien zu suchen. Eine dieser Strategien kann und sollte über das Commitment der Mitarbeiter führen. Viele derzeitige Unternehmensstrategien befassen sich mit der Personalgewinnung, beispielsweise die zunehmende Rekrutierung von Fachkräften aus dem europäischen Ausland. Angesichts der aktuellen Arbeits-bedingungen, dem steigenden Druck und vor allem der medialen Außendarstel-lung, welche den Pflegeberuf wenig attraktiv wirken lässt, ähnelt dieses Bestre-ben jedoch dem Versuch Wasser in ein Fass ohne Boden zu füllen. Für jeden neugewonnenen Mitarbeiter, verlässt ein anderer das Unternehmen. Nie war es einfacher für Pflegekräfte eine neue Arbeitsstelle zu finden. Angesichts der flächendeckend unzufriedenstellenden Arbeitsbedingungen verzeichnen insbe-sondere Firmen der Arbeitnehmerüberlassung einen deutlichen Zuwachs, da sie sich über monetäre Anreize und Dienstplansicherheit von stationären Einrich-tungen abgrenzen. Neben den Pflegekräften, denen die Abwechslung, die eine solche Anstellung mit sich bringt, liegt, gibt es dort eine Vielzahl an Arbeit-nehmern, die lediglich auf Grund der unzureichenden Rahmenbedingungen versuchen einen monetären Ausgleich für ihre Belastung zu finde. Diese wür-den grundsätzlich aber gute Arbeitsbedingungen einem monetären Zubrot vor-ziehen. Der Schlüssel liegt also in den Arbeits- und Rahmenbedingungen. Die Herausforderung die Bedingungen so zu verändern, dass Pflegekräfte sich wohl fühlen und ihre Arbeit wieder gerne und professionell verrichten können, ist eine Mammutaufgabe. Sie zahlt sich langfristig gesehen jedoch aus.

Die Strategie dem Fachkräftemangel über Commitment zu begegnen scheint zunächst lediglich für das einzelne Unternehmen sinnvoll. Wagt man es jedoch groß zu denken, könnte dieser Ansatz flächendeckend umgesetzt dem Pflegeberuf neue Attraktivität schenken und so als strategisches Ziel langfristig einen Weg aus dem Mangel bieten.

6.1 Bedeutung des Commitment für die Personalgewinnung

Streben nach Commitment bedeutet ein Streben nach Bindung. Wie in Kapitel 3 erläutert, bezeichnet Commitment einerseits den Grad und andererseits die

© Springer Fachmedien Wiesbaden GmbH, ein Teil von Springer Nature 2018
S. Pfeiffer, *Commitment in der stationären Krankenpflege*, Best of Pflege,
https://doi.org/10.1007/978-3-658-23323-5_6

Art und Weise der Bindung eines Mitarbeiters an das Unternehmen. Und doch spielt es auch eine entscheidende Rolle in der Personalgewinnung. Denn Arbeitsbedingungen, welche die Belegschaft zufrieden stimmen und ans Unternehmen binden, wirken langfristig auch nach außen und sorgen dafür, dass neues Personal leichter zu gewinnen ist.

In den 1980er Jahren sahen sich die USA mit einem ähnlichen Fachkräftemangel konfrontiert wie aktuell die deutsche Pflegelandschaft. (vgl. Absatz 2.2.2) Damals machte die American Acadamy of Nursing in einer Untersuchung von 163 Krankenhäusern die Entdeckung, dass es entgegen dem landesweiten Trend Häuser gab, die keine Probleme hatten Personal zu gewinnen. Und diese Häuser hatten in gleichem Maße auch keine Schwierigkeiten damit ihre Mitarbeiter am Unternehmen zu halten. Bei genauer Betrachtung zeigte sich, dass diese Häuser ähnliche, zentrale Eigenschaften besaßen. (s. Hänel 2015) Im Verlauf wurden diese zentralen Eigenschaften als Magnetkräfte bezeichnet, die sich den in Abbildung 12 dargestellten fünf Wirkungszentren zuordnen lassen. Heute lassen sich Kliniken in den USA sogar als Magnetkrankenhäuser zertifizieren und arbeiten gezielt an der Verbesserung ihrer Magnetkräfte. (gesonderte Darstellung der Magnetkräfte in 6.2.2.2)

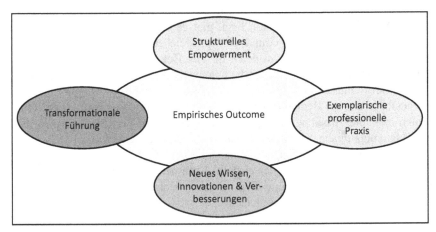

Abbildung 12:   Wirkungszentren der Magnetkräfte (s. American Nurses Credentialing Center 2008)

Die amerikanische Entwicklung zeigt, dass Personalgewinnung und -bindung zwei zentrale aber nicht getrennte Themenbereiche sind. Wer Mitarbeiter gewinnt, muss sie auch halten können. Und wer problemlos Mitarbeiter halten kann, wird keine Schwierigkeiten haben Personal zu gewinnen. Es empfiehlt sich daher die Bindung des bestehenden Mitarbeiterkreises (Commitment) zum zentralen Aufgabenbereich des Unternehmens zu machen, um langfristig auch in der Personalgewinnung erfolgreich zu sein.

6.2 Erste Schritte für das Unternehmen und seine Mitarbeiter

Der Entscheidung aktiv ein organisationales Commitment der Mitarbeiter anzu-streben, geht die bewusste Auseinandersetzung mit der Thematik, vor allem aber mit der eigenen Unternehmenskultur, voraus. Zunächst muss deutlich sein, welche Art des Commitment angestrebt wird. Fortsetzungsbezogenes Com-mitment verspricht keine echte Bindung. Normatives Commitment ist eher eine Art moralische Verpflichtung. Eine wirkliche, emotionale Bindung erreicht das Unternehmen nur, wenn es gezielt auf ein affektives Commitment der Mitarbei-ter hinarbeitet. (vgl. Abs. 3.2.1) Die Mitarbeiter müssen sich als Teil des Unter-nehmens fühlen, das Unternehmen muss Teil von ihnen werden. (vgl. Kapitel 3 - Mead)

Es empfiehlt sich zu Beginn die kritische Auseinandersetzung mit den Kennzahlen des Geschäftsbereiches Personal. Abwanderungsrate und durch-schnittliche Verweildauer der Mitarbeiter am Unternehmen geben Aufschluss über die Gesamtsituation. Gleichzeitig lässt sich über die gezielte Betrachtung einzelner Bereiche feststellen, in welchen Abteilungen Mitarbeiter konstant länger verbleiben als in anderen.

Die Abwanderung von Mitarbeitern begründet sich allerdings nicht immer ausschließlich in Unzufriedenheit, auch private Gründe oder Entwicklungsper-spektiven können ursächlich sein. Scheidende Mitarbeiter sollten daher durch die Unternehmensführung zum Austrittsgespräch eingeladen werden. So lässt sich im unmittelbaren Gespräch nicht nur der Grund für das Ausscheiden erfah-ren, auch Punkte der Unzufriedenheit oder besonders zufriedenstellende Aspek-te des Unternehmens lassen sich so herauskristallisieren. Denn ein Mitarbeiter, welcher der Organisation den Rücken kehrt, wird in der Regel ehrlicher spre-chen als die verbleibenden Mitglieder. Die Sorge über mögliche Konsequenzen für die weitere Zusammenarbeit trübt in der Regel das Feedback bestehender Mitarbeiter.

Dennoch sollten neben den ausscheidenden auch jene Mitarbeiter Beach-tung finden, welche bereits seit langen Jahren im Unternehmen beschäftigt sind und entsprechend über ein gewisses Commitment zum Betrieb zu verfügen scheinen. Was hat sie all die Jahre gehalten? Was ist Grundlage ihrer Bindung? Was würden sie sich künftig wünschen?

Diese simplen Ansätze verhelfen dem Unternehmen dazu, sich einen ersten Überblick über den aktuellen Stand und mögliche, zentrale Problembereiche zu verschaffen.

Affektives Commitment der Mitarbeiter zu erhöhen, ein Unternehmen zu einem *„nice place to work"* zu machen, bedeutet einen Wandel in der Unternehmenskultur anzustreben. Veränderungen einer Kultur anzustreben ist ein Prozess, der gezielt und strukturiert erfolgen muss. Es empfiehlt sich das Ziel „Affektives Commitment" in einem konkreten Projektplan unterzubringen. Dieser muss berücksichtigen, dass Einflussnahme auf Commitment erst mittelfristig Effekte zeigt. (s. van Dick 2004: 5) Wenn ein Unternehmen Veränderungen anstrebt, die den Mitarbeitern zugutekommen sollen, so ist es dennoch nicht selbstverständlich, dass diese Änderungen von den Mitarbeitern sofort mitgetragen werden. Hat eine Klinik über Jahre hinweg die Stimmen der Mitarbeiter kaum oder nur in geringem Maße wahr- und ernstgenommen, so wird dem neuen Bestreben sicherlich mit Skepsis begegnet werden. Um zu verhindern, dass das Personal den Kurswechsel missversteht und als Anlass nimmt das Unternehmen zu verlassen, müssen Transparenz, Informationsvermittlung und allem voran Beteiligung oberste Gebote werden. Diese Gebote korrelieren mit den drei Subkonstrukten, die der deutsche Psychologe und Betriebswirt Diether Gebert im Rahmen eines Konzeptes zur Integration der Mitarbeiter beschreibt: Vertrauen, Orientierung und Konsens. (s. Gebert 2001: 212) Der Versuch Mitarbeiter dahingehend zu beeinflussen, dass sie sich selbst als Teil des Unternehmens sehen, sich affektiv an dieses binden, bedeutet nichts anderes, als sie in die unternehmerische Praxis zu integrieren. (vgl. Abs. 6.2.1.2)

Führt man diese Grundsätze zusammen, so landet man erneut bei den Ergebnissen der Ohio-Studien aus Absatz 4.4.1. Der Weg zur Erhöhung des Commitment scheint also, ausgehend von der Unternehmensführung, durch eine ausgewogene Balance zwischen *initiating structur* und *consideratio*, zwischen Aufgaben- und Mitarbeiterorientierung zu führen. Neuere Studien zeigen sogar, dass die Zufriedenheit und das Commitment der Mitarbeiter dann am höchsten ist, wenn die Übereinstimmung zwischen der von ihnen gewünschten Mitarbeiter- und Aufgabenorientierung und der tatsächlich erfahrenen besonders hoch ist. Und eine besonders hohe Mitarbeiterorientierung ist sogar selbst dann Commitment-wirksam, wenn sie nicht durch die Mitarbeiter erwartet wird. (s. Steyrer 2015: 45)

Die zentrale Schlüsselfunktion bei der Umsetzung und der Integration von Commitment-wirksamen Strukturen innerhalb der klinischen Abteilungen sollte deshalb den Führungskräften des mittleren Managements zukommen. In ihrer Funktion, als Bindeglied zwischen strategischem Topmanagement und operativem Kern, verfügen sie über die beste Position zum Sammeln und Streuen von Informationen, Ideen und Konzepten. Wenn sie in engem Austausch mit den Mitarbeitern stehen, werden sie besser als jeder andere im Unternehmen wissen, was diese erwarten und können so, mittels ihrer fachlichen Expertise und der Unterstützung durch das Topmanagement, Einfluss auf den Ist-Zustand nehmen. (vgl. Kapitel 4)

6.2.1 Der neue Mitarbeiter

In Absatz 6.1 wurde bereits über die Personalgewinnung gesprochen. Maßnahmen zur Rekrutierung sollen deshalb an dieser Stelle nicht Thema sein. Dieser Absatz widmet sich vielmehr der neugewonnenen Pflegekraft und ihren ersten Schritten im Unternehmen.

Ein neuer Mitarbeiter birgt immer großes Potential. Er ist nicht nur ein wichtiges Signal für das bestehende Team („Wir schließen die Lücken, Entlastung ist nah."), er ist bildlich gesprochen auch *unverbrannte Erde*. Er hat schwierige Phasen des Unternehmens noch nicht mittragen müssen, die Bande zu Vorgesetzten und Kollegen sind noch unbelastet, die Beziehung zur Klinik eine Leinwand, die bisher lediglich mit den Erwartungen des Mitarbeiters bespielt wurde. Einem Mitarbeiter affektives Commitment zu entlocken, welcher bereits Höhen und Tiefen des Unternehmens erlebt hat, welcher negative Erfahrungen mit Vorgesetzten und/oder Vorstandsentscheidungen gemacht hat, ist wie in Absatz 6.2 geschildert, ein langer Prozess. Bei neu eingestellten Mitarbeitern ist die Chance groß, trotz des Austauschs der Pflegekräfte untereinander, von Beginn an auf die Bindung zum Unternehmen zu setzen.

An die Zusammenhänge zwischen den Erwartungen der Mitarbeiter und den tatsächlichen Gegebenheiten in Bezug auf Mitarbeiter- und Aufgabenorientierung (vgl. Abs. 4.4.1 und Abs. 6.2) angeknüpft, muss es oberstes Interesse der Führungskräfte sein die Erwartungen, mit denen ein neuer Mitarbeiter kommt, zu kennen. Nur wenn klar ist, was ein neues Mitglied der Klinik erwartet, kann angemessen darauf reagiert werden. Dies bedeutet selbstverständlich nicht, dass sämtlichen Erwartungen entsprochen werden muss. Der Unterschied liegt darin, dass unbekannte Erwartungen im Zweifel unbewusst unerfüllt bleiben, bekannte Erwartungen können im gemeinsamen Dialog besprochen und gegebenenfalls angepasst werden. Absatz 6.2.1.1 bietet ein Hilfsmittel zur Ermittlung der Erwartungen der Mitarbeiter.

Neben der Ermittlung der Erwartungshaltung spielt die Einarbeitung eines neuen Mitarbeiters immer eine zentrale Rolle. Diese Schlüsselphase der neuentstehenden Beziehung bietet Spielraum um erste Triebe affektiven Commitments entstehen zu lassen. Die Grundsätze einer Commitment-orientierten Einarbeitung finden sich in 6.2.1.2.

6.2.1.1 Konzept zur sozialtheoretische Zuordnung des Mitarbeiters

Den Ausführungen von Parsons und Mead Rechnung tragend, macht es Sinn einen neuen Mitarbeiter in einem sozialtheoretischen Kontext zu betrachten. Angesichts der Ausführungen im Kapitel 5 zeigen sich zwei wesentliche Ziele, die sich damit verfolgen lassen und deren Ergebnis das Führungshandeln im Hinblick auf die Mitarbeiterorientierung positiv beeinflussen kann.

Die Einordnung des Mitarbeiters in einen bestimmten Rahmen, hilft zunächst dabei seine Erwartungen zu erfahren. In Absatz 6.2 wurde bereits der Zusammenhang zwischen Commitment, Erwartungen und deren Entsprechung erläutert. Auch im Themenblock über Parsons wurden Erwartungen thematisiert. (vgl. Kapitel 5) So geht Parsons davon aus, dass eine Rolle sich als ein Bündel an Erwartungen definieren lässt und ein Individuum seiner Rolle nur gerecht werden kann, wenn dieses Bündel an Erwartungen dem Individuum selbst sowie allen anderen bekannt ist. Bei der Zuordnung des Mitarbeiters innerhalb eines sozialtheoretischen Rahmens, sollte also das erste Ziel die Erkenntnis über dessen berufliche Erwartungen sein.

Das zweite, ebenso wesentliche Ziel baut auf dieser Erwartungsdefinition auf. Und es bietet sich an, in diesem Zuge eine Verbindung zwischen Parsons und Mead zu erschaffen. In Absatz 5.1.2 fanden die pattern variables, Parsons Analyseinstrument zur Einordnung der Werteorientierung, Erläuterung. An dieser Stelle soll, in abgewandelter Form, auf eines dieser Gegensatzpaare zurückgegriffen werden: Kollektivitätsorientierung versus Selbstorientierung. Orientiert sich der Mitarbeiter an den Wertestandards des sozialen Systems, in dem er eingebettet ist, oder handelt er in relativer Unabhängigkeit und stellt die eigenen Bedürfnisse in den Vordergrund? (s. Schneider 2008: 129) Diese Frage beantwortet im Grunde nichts anderes, als die Frage danach wie laut die Stimme des *Michs* im Phasenmodell zum Handlungsentwurf von Mead ist und wie viel Anteil man dem verallgemeinerten Anderen an seiner eigenen Persönlichkeit zugesteht. (vgl. Abb. 11 / Abs. 5.2.1)

Das soziale System, in dem der Mitarbeiter eingebettet ist, ist in diesem Fall in erster Linie die Station, auf der er eingesetzt wird. Im Verlauf des Beschäftigungsverhältnisses und mit steigendem Commitment wird sollte letztlich das gesamte Unternehmen zum sozialen System werden. Wenn die Rede davon

ist Parsons Variable in abgewandelter Form für die Zuordnung zu nutzen und in Meads Handlungsmodell einzubetten, dann bedeutet dies im Ergebnis, herauszufinden, ob der Mitarbeiter ein *Mitläufer* oder ein *Aktivist* ist. Dies hat Auswirkungen darauf, wie er den Verallgemeinerten Anderen (vgl. 5.2.1) sieht, wie die Stellungnahme abläuft und vor allem, in welcher Form er den Anderen zum Teil seines Selbst macht. (s. Abb. 13)

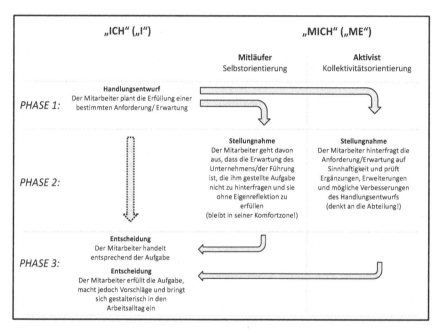

Abbildung 13:   Handlungsmodell Mitläufer versus Aktivist - in Anlehnung an Parsons und Mead

Aktivist: Der Mitarbeiter vom Typ Aktivist definiert sich kollektivitätsorientiert. Er nimmt das Unternehmen oder seine Teilbereiche als verallgemeinerten Anderen wahr, der danach strebt sich zu verbessern und zu verändern. Er sieht sich selbst als wichtigen Teil des Unternehmens, dessen Aufgabe es ist (*von dem erwartet wird*) Prozesse zu hinterfragen und zu prüfen, Abläufe zu reflektieren und wenn möglich Verbesserungen vorzuschlagen, um das Beste für das Kollektiv herauszuholen. Er bringt sich und seine Ideen aktiv ein. Er erwartet aber ebenso, dass er in dieser Funktion auch Gehör und Anerkennung bekommt und entsprechend gefordert/gefördert wird.

Mitläufer: Der Mitarbeiter vom Typ Mitläufer definiert sich selbstorientiert. Er nimmt das Unternehmen als einen verallgemeinerten Anderen wahr, der bestimmte Aufgaben vorgibt, die es zu erfüllen gilt. Sein eigenes Bedürfnis ist es, möglichst nicht anzuecken und/oder aufzufallen. So erfüllt er Verfahrensanweisungen wie gefordert und hinterfragt Prozesse in der Regel nicht. Er sieht sich selbst als konstante Größe im Unternehmen. Verbindlichkeit und Folgsamkeit sind seine Stärken. Er braucht gezielte Führung und muss über die Erwartungshaltung, die ihm entgegengebracht wird, ebenso konstant informiert werden, wie über Änderungen in Prozessen oder Neuerungen im Arbeitsalltag.

Die Unterteilung der Mitarbeiter in Aktivisten und Mitläufer ist eine handlungsorientierte Einteilung. Sie berücksichtigt ausdrücklich nicht die verschiedenen Persönlichkeiten, also den individuellen Anteil, den jeder Mitarbeiter mitbringt („Ich"). Der Persönlichkeitsanteil der Mitarbeiter spiegelt sich letztlich in der Art und Weise wider, wie der Mitarbeiter seine Entscheidung nach Außen trägt.

Die Grundvoraussetzung dafür, dass sich die Präferenz des Mitarbeiters zum Aktivisten oder zum Mitläufer auch im Arbeitsalltag bemerkbar macht, ist selbstverständlich eine gewisse Bindung zum Unternehmen. Die Klinik muss im beruflichen Kontext die Stelle des verallgemeinerten Anderen einnehmen und zum Teil des eigenen Selbst werden. Wie bereits erwähnt ist dies ein Ergebnis, welches es im Zuge der Commitment-orientierten Führung und Einarbeitung zu erzielen gilt. Die Veranlagung für die Ausprägung zur einen oder zur anderen Richtung bringt der Mitarbeiter jedoch bereits bei der Neueinstellung mit. Und da von dieser Veranlagung in Teilen auch Erwartungen abhängen, die er an seine Führungskraft und an seinen Arbeitgeber stellt, ist die Zuordnung bereits zu Beginn des Beschäftigungsverhältnisses durchaus sinnvoll. Es ist nicht ausgeschlossen, dass sich durch Veränderungen im Leben des Mitarbeiters die Handlungsorientierung im Verlaufe eines Beschäftigungsverhältnisses ändert. Ebenso ist es durchaus möglich, dass die Grenzen zwischen Aktivist und Mitläufer in Teilbereichen verschwimmen. So kann beispielsweise ein kategorischer Mitläufer durchaus in seiner Tätigkeit als Praxisanleiter aufgehen und zum Teil-Aktivisten werden. (vgl. Abs. 3.3.2 – Job involvement) Um diese Nischen zu öffnen, ist ein vertrauensvolles Verhältnis notwendig. Im Rahmen von Zielvereinbarungen und Reflektionsgesprächen empfiehlt es sich daher, die Einteilung stets zu reflektieren. Grundsätzlich lässt sich aber sagen, dass Mitarbeiter sich selbst in der Regel eher dem einen oder dem anderen Typus zuordnen.

Die Zuordnung des Mitarbeiters sollte im Rahmen eines leitfadenorientierten Eintrittsgespräches erfolgen. (s. Anlage A.4 Gesprächsleitfaden Eintrittsgespräch) Sicherlich ließe sich mittels eines schriftlichen Fragebogens ein objektiveres Ergebnis erzielen. Allerdings darf nicht vergessen werden, dass es sich um einen Mitarbeiter handelt, der neu am Unternehmen ist. Der Mitarbeiter hätte das in diesem Fall durchaus korrekte Gefühl unmittelbar nach der Einstellung beurteilt zu werden. Und das zu einem Zweck, der sich ihm womöglich nicht erklärt. Dies würde Verunsicherung hervorrufen und einen Keil zwischen Unternehmen und Mitarbeiter treiben, ehe das Beschäftigungsverhältnis richtig begonnen hat.

Ein persönliches Gespräch macht die Zuordnung gegebenenfalls etwas schwieriger, denn dabei hängt die Einordnung des Mitarbeiters allein von der Einschätzung der Führungskraft ab. Zusätzlich fordert diese Methode von der Führungsperson einiges an Gesprächsführung und Gespür für das Gegenüber. Der als Eintrittsgespräch deklarierte Austausch ist ein leitfadengestütztes Interview, sollte aber als solches nicht vom Mitarbeiter empfunden werden. Dem neuen Kollegen soll vielmehr das Gefühl des Austausches vermittelt werden, der Wunsch des einander Kennenlernens sollte für ihn im Vordergrund stehen. Die eigentliche Zuordnung erfolgt erst im Nachklang durch die Führungskraft, auch hier bietet der in Anlage A.4 zu findende Leitfaden Unterstützung.

Metaphorisch betrachtet führt die Führungskraft mit ihrem Mitarbeiter etwas Ähnliches durch wie die Pflegekraft beim Patienten im Rahmen des Anamnese-Gespräches. Auf Grundlage des Gespräches wird anschließend, statt einer Pflegeplanung, eine Planung des Führungsverhaltens durchgeführt.

Diese Zuordnung kann und sollte auch für die bestehenden Teammitglieder erfolgen, wenngleich auch auf andere Weise. Mitarbeitergespräche können hierfür genutzt werden. Häufig verfügen Führungskräfte nach langer Zusammenarbeit bereits über ein genaues Bild ihrer Mitarbeiter und sollten daher die Zuordnung in weiten Teilen aus dem Alltagverhalten der Mitarbeiter leisten können.

6.2.1.2 Bedeutung der Commitment-Orientierung für die Einarbeitung

Ein gelungener Start in die berufliche Tätigkeit ist bei jeder Neueinstellung im Sinne des Unternehmens. Dabei ist es entscheidend diesen Start direkt so zu gestalten, dass er die Grundlage für eine möglichst gute Passung/Bindung zwischen Arbeitnehmer und Unternehmen bietet. (s. Gessnitzer et al.: 12) Die Art und Weise der Einführung des neuen Mitarbeiters in seine Position, sein Aufgabengebiet und das Unternehmen ist dabei in nicht unwesentlicher Form ausschlaggebend dafür, wie er später seiner Arbeit, seinen Mitarbeitern und Kollegen, den Vorgesetzten und dem Arbeitgeber gegenüber eingestellt ist. (s. Schmidt 2013: 3)

Wird ein Mitarbeiter neu eingestellt muss er, so sagt es auch die Überschrift dieses Absatzes, eingearbeitet werden. Damit ist aber vor allem die Vermittlung von tätigkeitsbezogenen Inhalten gemeint. Im Rahmen der Commitment-Orientierung sollte zunächst der Begriff Einarbeitung durch Integration ersetzt werden. Die fachliche, tätigkeitsbezogene Einarbeitung ist dabei ein Teilaspekt und ein sehr wesentliches Unterziel des Integrationsprozesses. Der Hauptfokus bei der Einstellung eines neuen Mitarbeiters liegt in einem Unternehmen, welches auf eine hohe affektive Bindung seiner Mitarbeiter wert legt, jedoch auf der Integration des neuen Mitglieds. Der Mitarbeiter soll in die bestehende Struktur des Unternehmens eingebunden werden, er soll Teil davon werden und das Gesamtbild als neues Puzzleteil ergänzen. „Mitarbeiter müssen Beteiligte werden, bevor sie sich dafür entscheiden Unbeteiligte zu sein." (Schmidt 2013: 25)

Der Einarbeitungs- beziehungsweise Integrationsprozess wurde in den USA bereits thematisiert und schließlich in ein Konzept übertragen, welches sich unter dem Begriff „Onboarding" einen Namen macht. Eines der leicht durchschaubaren Konzepte zum integrativen Onboarding-Konzept ist von Mark Stein und Lilith Christiansen, Berater der amerikanischen Firma Kaiser Associates. Ihr Konzept bietet ein Grundmodell, dass auf jedes Unternehmen adaptierbar ist und den entsprechenden Unternehmensbedürfnissen angepasst werden kann. (Schmidt 2013: 17)

Christiansen und Stein arbeiteten dabei vier thematische Schwerpunkte heraus, die abseits der fachlichen Einarbeitung, entscheidend für eine erfolgreiche Integration sind:

- Kennenlernen und Einfügen in die Unternehmenskultur (cultural mastery)

- Interpersonelles Vernetzen (interpersonal network development)

- Kennenlernen der Karrierepfade (early career support)

- Involvierung in Strategien und Richtungen des Unternehmens (strategy immersion and direction) (s. Stein, Christiansen 2010: 64 ff)

Innerhalb verschiedener Phasen wird der Mitarbeiter gezielt in die Unternehmensstrukturen eingeführt und integriert. Diese stufenweise Einbindung gibt dem neuen Mitarbeiter auch abseits seiner Abteilung (Station) und der fachlichen Einarbeitung in sein Tätigkeitsprofil einen Platz im Gesamtgefüge des Unternehmens. Auch hier finden sich, ähnlich wie beim Integrationskonzept von Gebert, die Gebote von Vertrauen, Orientierung und Konsens wieder. (s. Gebert 2001: 212) (vgl. Abs. 6.2)

Durch den von Beginn an geplanten, strukturierten und begleiteten Weg in das Unternehmen beugt die Unternehmensführung Missverständnissen vor. Der neue Kollege kennt die Ziele seines Onboarding-Prozesses und wird während dieser Zeit durch ihm bekannte Personen und Mentoren begleitet.

Er lernt nicht nur seine Tätigkeiten kennen, sondern auch die Werte und Strukturen seines Arbeitgebers. Er knüpft Kontakte zu Kollegen und Mitarbeitern und lernt auch Ansprechpartner kennen, bei denen er sich Hilfe und Unterstützung holen kann. Dabei ist es wichtig, dass neben der Führungskraft auch neutrale Personen als Paten verfügbar sind, mit denen auch Bedenken, Sorgen und Schwierigkeiten besprochen werden können. (s. Brenner 2014: 15)

Durch die gezielte Darstellung von Fort- und Weiterbildungsmöglichkeiten im Unternehmen, wird dem Neuankömmling gezeigt, welche Zukunftsperspektiven sein neuer Arbeitgeber ihm bieten kann. Das gemeinsame Planen einer Zukunft erhöht dabei ganz automatisch die Bindung zueinander.

Die Involvierung in Strategien und das Aufzeigen von Richtungen, sorgt nicht nur für Transparenz, sondern vermittelt gleichzeitig Wertschätzung. Dabei geht es nicht nur darum aufzuzeigen, welche Wege das Unternehmen geht, sondern im Zuge dessen auch Motivation aufzubauen den Weg mitzugehen. Der Mitarbeiter muss sich beteiligt fühlen an den Unternehmenszielen, denn so erfährt er nicht nur Beteiligung, sondern auch Zuwendung und Einbindung, welche wiederum Grundlage für affektives Commitment bilden. (s. Schmidt 2013: 21)

Entscheidet sich ein Unternehmen also dafür langfristig auf Mitarbeiterbindung zu setzten, ist es unbedingt nötigt die Einarbeitung in Integration zu verwandeln. Dabei sollte auf ein übergeordnetes Integrationskonzept gesetzt werden, in dem die eben angesprochenen Teilbereiche ihren Stellenwert finden. Der Integrationsprozess darf dabei zeitlich ruhig ausgedehnt werden, denn schon der Volksmund sprach von „Gut Ding will Weile haben". Folgt man Christiansen und Stein so dauert der Onboarding-Prozess bis zu einem Jahr. (s. Stein, Christiansen: 67)

Das übergeordnete Integrationskonzept sollte dabei auf die Eigenheiten und Schwerpunkte der Klinik zugeschnitten werden. Verfügt das Krankenhaus beispielsweise über eine eigene Fort- und Weiterbildungsstätte, so ist der Karriereberatung sicherlich eine Schlüsselrolle innerhalb der Integration zuzusprechen.

Die Einarbeitung in die stationsspezifischen Aufgabenfelder muss in den Integrationsprozess aufgenommen werden. Beides sollte aber in jedem Fall aufeinander abgestimmt werden, um den neuen Mitarbeiter nicht zu überfordern oder mit Informationen zu überfrachten.

Auch wenn es angesichts des Mangels an Personal so scheint, als müssten neue Mitarbeiter schnellstmöglich eingesetzt werden, ist es wichtig Einarbeitung und Integration zu schützen. Das Integrationskonzept sollte, einmal durchdacht und aufgestellt, als gegeben angesehen werden. Fachliche Einarbeitung darf nicht auf Grund von Personalnot aufgelöst oder verkürzt werden, geplante Karriereberatungsgespräche im Integrationsprozess dürfen nicht verschoben werden. Beides vermittelt dem Mitarbeiter, dass seine Wünsche und Bedürfnisse nur so lange Berücksichtigung finden, wie es dem Unternehmen gut auskommt. So wird die Möglichkeit zur Bindung von Beginn an blockiert. Erst wenn ein Mitarbeiter über ein hohes Commitment verfügt, ist er bereit auch unpopuläre Entscheidungen mitzutragen, ohne seine Bindung an das Unternehmen direkt einzubüßen, wie in Kapitel 3 bereits geschildert wurde. Auf dem Weg zu diesem Grad an Commitment hin, sollten jedoch keine Kompromisse gemacht werden. Das Unternehmen muss zunächst beweisen, dass es seinen Versprechungen Rechnung trägt und zu seinem Wort steht. Der Arbeitgeber muss in Vorleistung gehen.

6.2.2 Einführung in bestehende Teamstrukturen

Die Integration eines neuen Mitarbeiters ist eine große Aufgabe, ungleich schwieriger ist es jedoch die Unternehmensbindung in bestehenden Teamstrukturen zu analysieren und zu erhöhen. Mitarbeiter, die bereits am Unternehmen tätig sind, kennen zwar die Vorteile ihres Arbeitgebers, doch sie haben häufig auch schon Unzufriedenheit gespürt. Sie haben Entscheidungen der Unternehmensführung erlebt, die sie nicht nachvollziehen konnten, oder die augenscheinlich negative Auswirkungen auf sie hatten. Während bei einem neuen Mitarbeiter eine leere Leinwand bespielt wird, müssen im bestehenden Mitarbeiterkreis zunächst Altlasten erkannt und ausradiert werden. Dieser Weg ist ungleich schwieriger, denn während neue Mitarbeiter ihrem Arbeitgeber häufig eine Art Vertrauensvorschuss gewähren, wird ein Großteil des bestehenden Mitarbeiterkreises Änderungen in der Unternehmens- und Führungskultur mit Skepsis, wenn nicht sogar mit Misstrauen begegnen.

Für die Einführung in bestehende Teamstrukturen empfiehlt es sich auf die Hilfe von externen Unternehmen, beispielsweise Coaching-Firmen oder Unternehmensberatungen, zurückzugreifen. Die eigene Unternehmensführung steht dem Projekt „Commitment" vielleicht offen gegenüber, verfügt aber dennoch über einen blinden Fleck, ist umgangssprachlich betriebsblind. Die eigenen

Schwächen und Fehler einzugestehen ist schwierig. Zudem ist es häufig so, dass Entscheidungen der Unternehmensführung anders gemeint sind, als sie vom Mitarbeiter wahrgenommen werden. Die negative Wahrnehmung zu akzeptieren und nicht zu versuchen sie durch Erklärung und Rechtfertigung ungeschehen zu machen, fällt Führungskräften häufig schwer. Externe Unterstützung kann dabei wertfrei und neutral auf beiden Seiten vermitteln.

6.2.2.1 Empfehlung zur Reflektion der bisherigen Führungsstrategie

Da den Führungspositionen bei der Erhöhung des Commtiment eine Schlüsselfunktion zukommt, empfiehlt es sich dringend das bisheriger Führungsverhalten zu reflektieren. Die beste Spiegelung des Führungsverhaltens könnten in der Regel die geführten Mitarbeiter geben. Dabei muss bedacht werden, dass die Hemmschwelle aus Angst vor negativen Konsequenzen groß sein kann und direkte Aussagen daher nur begrenzt verwendbar sind. Um eine objektive und ungefilterte Rückmeldung zu bekommen, ist deshalb auch hier externe Hilfe empfehlenswert.

Durch die Begleitung eines Coaches im Führungsalltag über mehrere Tage, wenn nicht sogar Wochen, lässt sich hinterher in einem gezielten Feedback anhand von realen Situationen das eigene Führungsverhalten aufarbeiten. Dabei muss die Führungskraft allerding bereit sein, sich uneingeschränkt mit sich selbst auseinanderzusetzen. In der Regel analysieren und fokussieren Führungskräfte alles, nur sich selbst eher selten. Diese Auseinandersetzung kann schwierig und schmerzhaft sein, bietet jedoch eine gute Chance. Auch zum Schutz der Führungskraft ist hier Verschwiegenheit der Coaches gegenüber den Vorgesetzten/dem Topmanagement erforderlich. Ziel der Analyse und Reflektion sollte es sein bisher verfolgte Führungsmuster herauszufiltern. Die Führungskräfte sollten verstehen und erkennen, warum bestimmte Verhaltensmuster, die sie zeigen, zu bestimmten Reaktionen bei ihren Mitarbeitern führen. Sich selbst zu verstehen und zu begreifen, weshalb man in bestimmten Situationen auf bestimmte Weise agiert, hilft dabei sein Verhalten zu verändern und in eine bestimmte Richtung zu lenken.

6.2.2.2 Empfehlung zur Analyse der aktuellen Organisationsbindung der Mitarbeiter

Wie in Absatz 6.2 angedeutet empfiehlt sich zur Ermittlung der aktuellen Organisationsbindung zunächst die Analyse der Kennzahlen zum Thema Personal. Abwanderungsrate und durchschnittliche Verweildauer geben einen ersten Einblick in die Thematik. Allerdings beziehen sich diese Zahlen nur auf bereits ausgeschiedenen Mitarbeiter. Um herauszufinden wie der Grad an Bindung zum Unternehmen bei den aktuell Beschäftigten Personen ist, eignet sich wohl nichts besser als eine systematische Befragung.

Die eindeutige Empfehlung ist auch hierbei die Zusammenarbeit mit einem externen Unternehmen. Diese Befragung wird allerdings nur dann zielführend sein und von den Mitarbeitern mit entsprechender Beteiligung bedacht werden, wenn vorab alle Informationen mit lückenloser Transparenz weitergegeben werden. Den Mitarbeitern muss deutlich gemacht werden, worum es bei der kommenden Befragung geht und welchem Ziel sich das Unternehmen verschrieben hat. Der Belegschaft muss vermittelt werden, dass man als Unternehmen verstanden hat, dass der Mitarbeiter die wichtigste Ressource ist. Ebenso muss signalisiert werden, dass man sich dazu entschlossen hat zu einem Arbeitsplatz zu werden, an dem Menschen gerne tätig sind. Den Mitarbeitern muss deutlich gemacht werden, welchen Weg das Unternehmen einschlagen will und dass es diesen Weg nicht allein gehen kann. Um positive Veränderungen für den Mitarbeiter anzustreben, muss der Mitarbeiter beteiligt sein. „Um euch zu geben, was ihr braucht, müssen wir wissen was ihr wollt." sollte Leitsatz des Projektes sein. Gelingt es den Mitarbeitern die Ernsthaftigkeit des Vorhabens zu vermitteln, steigt die Wahrscheinlichkeit, dass sich ein hoher Prozentsatz an der Befragung beteiligt.

Zusätzlich muss sichergestellt sein, dass die Befragung inklusive Auswertung anonym erfolgt. Nur dann wird den Mitarbeitern aufrichtiges Interesse vermittelt, ohne ihnen den Eindruck des Ausfragens zu geben. Deshalb die Empfehlung zur externen Beauftragung.

Allen und Meyer haben in ihren Überlegungen zu den drei Komponenten des Commitment (vgl. Kapitel 3) ebenfalls Bestrebungen angeführt, um den Grad an Commitment zu messen. Sie ermittelten dazu aus Befragungen von verschiedenen Männern und Frauen, welche unterschiedlichen Organisationen angehörten, Haupt-Items die sie den drei Komponenten zuordneten. (s. Anlage A.5 Scale Items nach Meyer und Allen) Diese Items ließen sich mittels einer 7-Punkte-Rating-Skala (1= „Stimme vollkommen zu" / 7= „Stimme überhaupt nicht zu" beantworten. Aus den gegeben Antworten wurde dann der Grad an Commitment ermittelt. (Meyer, Allen 1997: 116f) Sicherlich ließe sich mittels dieses eher einfachen Ermittlungsverfahrens etwas wie Commitment bestimmen. Allerdings ist der Bogen von Allen und Meyer ein universelles, branchen- und unternehmensunspezifisches Instrument. Das erzielte Ergebnis würde lediglich Aufschluss darüber geben, ob die Mitarbeiter sich zugehörig fühlen und wenn ja, in welcher Form.

Dem Bestreben den Grad an affektivem Commitment zu erhöhen ist eine solche Befragung nicht dienlich. Um die Bindung der Mitarbeiter beeinflussen zu können, muss nicht nur ermittelt werden, wie es um die aktuelle Bindung steht. Es muss auch herausgefiltert werden weshalb das aktuelle Commitment nicht ausreichend ist. Daher ist es sinnvoll die Fragen an das jeweilige Unternehmen anzupassen. Rahmenbedingungen für die Gestaltung eines Fragenkataloges könnten die in Absatz 6.1 erwähnten und in den USA identifizierten 14 Magnetkräfte sein.:

1. Pflegedienstleitung
verfügt über transparente Pflege- und Führungsphilosophie; unterstützt und spricht für die Pflegenden

2. Organisationsstruktur
flache Hierarchien; Pflegedienstleitung/Pflegedirektor gehört zum Topmanagement

3. Führungsstil
transformationaler Führungsstil; Informationsaustausch

4. Personalpolitik und Anreizsysteme
wenig Rotationen; familienfreundliche Angebote; Aufstiegsmöglichkeiten; wettbewerbsfähige Gehälter

5. Pflegemodelle
hohe Verantwortung; Pflegeferne Tätigkeiten werden abgegeben

6. Qualität der Pflege
Pflege wird in hoher Qualität durchgeführt; Führung ermöglicht Pflege „nach Standard" und ohne Abstriche

7. Qualitätsmanagement
Streben nach Qualitätsverbesserung; Integration von Pflegenden in das Qualitätsmanagement

8. Beratungsangebote und Ressourcen
Pflegende erfahren Beratung bezüglich Gesundheitsvorsorge oder Rente; Berufspolitik wird unterstützt

9. Autonomie
Pflegende arbeiten eigenständig auf Basis professioneller Standards

10. Interdisziplinäre Zusammenarbeit
erfolgt respektvoll und professionell; Zusammenarbeit auf Augenhöhe

11. Praxisanleitung
Pflegende lehren und lernen an und haben dafür während jeder Tätigkeit Zeit

12. Karriereplanung
Weiterbildung genießt hohes Ansehen, wird ermöglicht und unterstützt

13. Außendarstellung
Pflege verfügt über ein positives Bild bei anderen Berufsgruppen; gilt als wesentlicher Bestandteil der Organisation; genießt Anerkennung und Wertschätzung

14. Regional präsent
Das Unternehmen präsentiert sich in der Umgebung, ist be- und anerkannt

(s. American Nurses Credentialing Center: 2008)

Nimmt man diese Kräfte und ihre jeweiligen Soll-Zustände, so lässt sich mit Hilfe der einzelnen Punkte ein unternehmensspezifischer Fragenkatalog gestalten. (vgl. Anlage A.6 Beispielfragen zur Ermittlung der Mitarbeiterbindung in Anlehnung an Magnetkräfte) So lässt sich zwar kein prozentualer Grad an Commitment ermitteln, durch die Auswertung erhält das Unternehmen aber einen tiefen Einblick in die einzelnen Bereiche und schließlich auch eine Art Ranking der zu bearbeitenden Problemfelder.

6.2.3   Handlungsempfehlung zur Erhöhung des Grades an Commitment für das obere Management

Auch ohne das Ergebnis einer Befragung zu kennen, lässt sich eine allgemeine Handlungsempfehlung für das Topmanagement abgeben, um die Basis für eine künftige, Commitment-orientierte Ausrichtung der Klinik zu schaffen.
    Das obere Management einer Klinik ist in der Regel zu einem hohen Teil an Kennzahlen und der Wirtschaftlichkeit des Unternehmens orientiert. Es sichert dadurch das Fortbestehen der Einrichtung. Mitarbeiterbindung zu erhöhen ist, wie bereits mehrfach angedeutet, ein Prozess der Zeit in Anspruch nimmt und dessen Erfolg zunächst nicht messbar/spürbar ist. Der erste Schritt den Führungsetagen leisten müssen, ist die Erkenntnis, dass die in Kapitel 2 geschilderten Problematiken sich nicht mehr allein durch Maßnahmen der Personalakquise lösen lassen. Die Bedürfnisse der Mitarbeiter müssen stärker in den Fokus rücken, Commitment muss als Chance erkannt werden.

Umgangssprachlich wird oft gesagt der Fisch fange am Kopf an zu stinken. Übertragen bedeutet dies, dass ein Unternehmen mit seiner Führung steht und fällt. Gleiches gilt auch für Veränderungen innerhalb der Organisation. Die Veränderung muss also in der oberen Führungsetage beginnen.

Wenn das Ziel „affektives Commitment" ist, bedeutet dies nichts anderes als Identifikation zu stiften. Und der identifikationsstiftende Führungsstil ist der transformationale. Das Topmanagement muss diese Art der Führung vorleben, damit sie vom Kopf aus das ganze Unternehmen durchdringen kann. Wenn dies gelingt, hat die Unternehmensspitze bereits drei Magnetkräfte ins Rollen gebracht. Ein veränderter Führungsstil verändert auch die Wirkung der Führungspersönlichkeiten und beides geht Hand in Hand mit Organisationsstruktur. (vgl. Abs. 6.2.2.2) In Anlehnung an die Definition des Transformationalen Führungsstils in Absatz 4.4.2.2 lassen sich folgende Handlungsempfehlungen zusammenzufassen:

Intellektuelle Stimulation

Innovative Denkmuster und Ideen müssen gefordert und gefördert werden. Für das Topmanagement bedeutet dies die mittlere Führungsebene einzubeziehen. Wurde diese bisher nur über Entscheidungen informiert und musste diese weitertragen, empfiehlt es sich, sie künftig in ausgewählte Entscheidungs- und Entwicklungsprozesse einzubeziehen. Den Führungskräften muss gezeigt werden, dass ihre Ideen nicht nur gehört, sondern vor allem auch gewünscht sind. Bottom up, statt ausschließlich top down.

Individuelle Betrachtung

Die Aussage „Du gehst mit einem Problem in das Gespräch hinein und kommst mit drei Arbeitsaufträgen wieder hinaus." charakterisiert die Beziehung zwischen der mittleren Führungsebene und dem Topmanagement. Künftig sollten diese Aussagen der Vergangenheit angehören. Hat die mittlere Führungsebene bisher Weisungen bekommen, denen sie Folge leisten musste und wurde letztlich am Ergebnis der Umsetzung gemessen, sollte künftig eine individuelle Betrachtung und Begleitung erfolgen. Den Stationsleitungen muss ihre Schlüsselfunktion in der neuen Ausrichtung bewusstwerden. Auch sie müssen sich wertgeschätzt, gesehen und gehört fühlen. Vor allem aber dürfen sie nicht das Gefühl haben den Alltagsproblemen allein gegenüber zu stehen.

Inspiration

Die Zukunftsvision eines Krankenhauses, in welchem Pflegekräfte gern arbeiten und vor allem gern bleiben, muss als motivierende, glaubhafte und realistische Vision an die mittlere Führungsebene und letztlich auch an den operativen Kern vermittelt werden.

Charisma

Die einzelnen Führungspersönlichkeiten des Topmanagements sollten den Respekt und das Vertrauen, der am Unternehmen tätigen Menschen erlangen. Dazu müssen sie sich die in Absatz 5.3.1 erläuterte Werteorientierung in Anlehnung an Parsons zu eigen machen.

In der Summe scheinen diese Empfehlungen simple und einfach umzusetzen. Sie in den Unternehmens- und vor allem in den eigenen Führungsalltag zu integrieren, wird dem einen leichter, dem anderen schwerer fallen. Die Wirkung ist aber in jedem Fall groß. Überträgt sich dieses neue Führungsverständnis auf das mittlere Management und durchdringt so das gesamte Unternehmen, sind alle folgenden Schritte um ein Vielfaches leichter zu bewältigen.

6.2.4 Handlungsempfehlung zur Erhöhung des Grades an Commitment durch das mittlere Management

Im Verlauf wurde bereits viel über die Aufgaben des mittleren Managements gesagt. In den einzelnen Kapiteln finden sich sowohl Anforderungen wie auch Empfehlungen zum Führungsalltag, daher kann dieses Kapitel nicht viel mehr tun, als das bereits gesagte nochmals abschließend zusammenzufassen.

Im Absatz unter 4.2 wurden die Erwartungen an die Position der Stationsleitung aus wesentlichen Perspektiven betrachtet. Diese Erwartungen lassen sich leicht in Aufgaben übertragen, an denen sich auch im Zuge einer commitment-orientierten Führung zunächst nichts ändert. Bei der Erfüllung ihrer Aufgaben gilt, angesichts der angestrebten Organisationsveränderung, auch für die Stationsleitungen der transformationale Führungsansatz. Daher lassen sich die im vorangegangenen Kapitel geschilderten Empfehlungen für das Topmanagement nahezu lückenlos an die mittlere Führungsebene adaptieren. Dabei wird der operative Kern der unmittelbare Wirkungspartner. Der Hauptfokus innerhalb der transformationalen Führungskomponenten liegt für die Stationsleitungen auf den Punkten „Individuelle Betrachtung" und „Intellektuelle Stimulation".

"Individuelle Betrachtung" und „Intellektuelle Stimulation" sollten Kernge-schäft des mittleren Managements sein. Die Betrachtung der Mitarbeiter wurde bereits im Absatz 6.2.1.1 empfohlen und ausführlich beschrieben. Diese Be-trachtung ist nur dann sinnvoll, wenn ihr unmittelbar die Stimulation folgt. Hat die Führungskraft ermittelt, welchen Mitarbeitertypus sie vor sich hat und wel-che Erwartungen dieser an seinen Vorgesetzten und seinen Arbeitsplatz stellt, ergibt sich daraus auch, in welcher Form er stimuliert werden muss. So wird klar, welche Anreize/welche Begleitung er benötigt, um sein Potential voll auszuschöpfen. Dies ermöglicht eine individuelle Führung, die ein Kreislauf aus permanenter Betrachtung und Stimulierung ist. (vgl. Abb. 14)

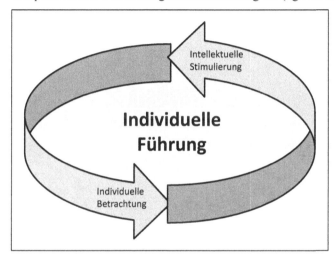

Abbildung 14: Kreislauf individueller Führung

Stationsleitungen müssen ihre Mitarbeiter kennen, fordern und fördern. Dabei muss das Pendel ausgeglichen schwingen, zwischen Einsamkeit und Gemein-samkeit, zwischen Individuum und Gemeinschaft. Denn die individuelle Be-trachtung der einzelnen Mitglieder einer Abteilung macht nur dann Sinn und wird nur dann zielführend, wenn es gelingt sie über die Stimulierung ihrer Ta-lente und die Förderung ihrer Potentiale zu einem Team zusammen zu führen.

Die Ausführungen zu „Charisma" und „Inspiration" im Absatz 6.2.3 las-sen sich unverändert vom Topmanagement auf die mittlere Führungsebene übertragen. Die Werteorientierung für Führungskräfte in Anlehnung an Parsons aus Absatz 5.3.1 orientiert sich am mittleren Management. Die Inspiration wird, einmal vom Topmanagement ausgestrahlt, die mittlere Führungsebene fast von allein durchfluten. Ist dies geschehen findet sie auch ohne Umschweife den Weg zum operativen Kern.

7 Mitarbeiterbindung durch Commitment – Die Antwort auf den demografischen Wandel?

Eine konkrete Antwort auf den demografischen Wandel wird es nicht geben. Die deutsche Bevölkerung steigt schließlich nicht äquivalent zur Attraktivität des Arbeitsmarktes. Und so lassen sich auch die Herausforderungen des Gesellschaftswandels nicht allein durch ein Streben nach Commitment bewältigen.

Für den Sektor der stationären Krankenpflege hingegen ist der gezielte Aufbau von affektivem Commitment dennoch die einzige Antwort. Krankenpflege ist ein verantwortungsvoller, abwechslungsreicher und anspruchsvoller Beruf. Was ihm fehlt, sind attraktive Arbeitsbedingungen. Entscheiden sich die deutschen Kliniken dazu, sich künftig gezielt an ihren Mitarbeitern zu orientieren und damit den amerikanischen Magnetkrankenhäusern zu folgen und ihr Humankapital zu binden, könnten sie der Pflege neue Attraktivität verleihen. So könnten junge Menschen künftig für diesen außerordentlichen Beruf begeistert werden und würden wohl nicht mehr durch die mediale Berichterstattung und die Klagelieder der Pflegenden abgeschreckt.

Für die einzelnen Kliniken bedeutet eine Commitment-orientierte Ausrichtung in jedem Fall ein Vorteil gegenüber der Konkurrenz. Sie verschaffen sie so einen deutlichen Wettbewerbsvorteil bei der Akquise neuer Mitarbeiter. Wichtiger ist aber, dass mit einem stabilen Mitarbeiterstamm auch organisationsstrukturell und prozessbezogen gearbeitet werden kann. In einem Unternehmen mit hoher Fluktuation ist dies deutlich erschwert. Mitarbeiter zu binden kann, wie diese Arbeit zeigt, also der Schlüssel sein das eigene Unternehmen stabil zu besetzen. Der Weg zu hoher Qualität führt über die Zufriedenheit der Mitarbeiter.

Commitment kann also unternehmensbezogen die Antwort auf die Herausforderung des demografischen Wandels sein. Die wesentliche Erkenntnis dieser Arbeit liegt noch in einem anderen Punkt. Der Weg zum Commitment führt bestenfalls über externe Betreuung. Die Kliniken sind also auf gezielte Unterstützung von außerhalb angewiesen, um sich strukturiert und sinnvoll auf den Weg zu machen. Dies bedeutet, dass nicht nur die Kliniken sich für die Veränderungen öffnen müssen, auch Firmen der Unternehmensberatung müssen aktiv werden und sich auf diese Prozessanfragen einstellen.

© Springer Fachmedien Wiesbaden GmbH, ein Teil von Springer Nature 2018
S. Pfeiffer, *Commitment in der stationären Krankenpflege*, Best of Pflege,
https://doi.org/10.1007/978-3-658-23323-5_7

Es bleibt zu hoffen, dass die deutschen Kliniken erkennen, welche Chancen eine commitment-orientierte Unternehmensführung bietet, und dass sie sich besser heute als morgen auf den Weg machen.

Der Weg zu einer solchen Struktur ist lang, beschwerlich und wird manchmal vielleicht sogar zu weit erscheinen. Wer durchhält, fokussiert bleibt und sich nicht verunsichern lässt, bekommt am Ziel ein Unternehmen, in dem alle Beteiligten eine feste Einheit bilden. Diese Einheit wird dann auch durch demografische Erschütterungen kaum zu schädigen sein.

Quellenverzeichnis

Afentakis, A.; Maier, T. (2010): Projektionen des Personalbedarfs und -angebots in Pflegeberufen bis 2025. In: Wirtschaft und Statistik 2010/11: 990-1002.

American Nurses Credentialing Center (2008): 2008 Magnet News: Announcing a New Model for ANCC's Magnet Recognition Program©. URL: http://www.nursecredentialing.org/MagnetModel [Stand: 12.07.2017].

Antrowiki (2017): Talcott Parsons. URL: https://anthrowiki.at/Talcott_Parsons#Sozialisation [Stand: 01.06.2017].

AOK Bundesverband (2017): Kompressionsthese. URL: http://aok-bv. de/lexikon/k/index_06430.html [Stand: 02.04.2017].

Berkenheide, M. (2011): Commitment in Unternehmen, Eine personalwirtschaftliche Analyse von Einflussfaktoren auf und Gestaltbarkeit der Mitarbeiterbindung. 1. Auflage, Norderstedt: GRIN Verlag.

Bettig, U.; Frommelt, M.; Schmidt, R. (2012): Fachkräftemangel in der Pflege: Konzepte, Strategien, Lösungen. 1. Auflage, Heidelberg: medhochzwei Verlag.

Bhagwati, M. (2017): Führungsstile und – konzepte. URL: http://www.daswirtschafts-lexikon.com/d/f%C3%BChrungsstile_und_konzepte/f%C3%BChrungsstile_und_konzepte.htm [Stand: 12.06.2017].

Bibliographisches Institut (2017a): Duden: Transaktion. URL: http://www.duden.de/rechtschreibung/Transaktion [Stand: 13.06.2017].

Bibliographisches Institut (2017b): Duden: transformieren. URL: http://www.duden.de/rechtschreibung/transformieren [Stand: 14.06.2017].

Brenner, D. (2014): Onboarding: Als Führungskraft neue Mitarbeiter erfolgreich einarbeiten und integrieren. 1. Auflage, Wiesbaden: Springer Gabler Verlag.

Burns, J. 1978: Leadership. 1. Auflage, New York: Harper Perennial Political Classics.

Dr. Jürgen Meyer Stiftung (2011): Das mittlere Management: Die unsichtbaren Leistungsträger. URL: http://www.juergen-meyer-stiftung.de/stiftung-ethik-pdf/DMM_Die_unsichtbaren_Leistungstraeger.pdf [Stand: 06.05.2017].

Dr. Jürgen Meyer Stiftung (2013): Das mittlere Management – Rollenkonflikt, Leistungsdruck und Moral. URL: http://www.juergen-meyer-stiftung.de/stiftung-ethik-pdf/CBS-JMS-Fifka_und_Kraus-Das_mittlere_Management.pdf [Stand: 06.05.2017].

Felve, J. (2008): Mitarbeiterbindung. 1. Auflage, Göttingen: Hogrefe – Wirtschaftspsychologie.

Gebert, D. (2001): Innovationsförderliche Öffnungsprozesse: „Je mehr, desto besser?". In: Die Betriebswirtschaft. 2001/61: 204-222.

Geis, W.; Orth, A. (2016): Fachkräftesicherung durch Zuwanderung in Zeiten eines starken Flüchtlingszuges. In: Wirtschaft und Statistik 2016/7: 93-102.

© Springer Fachmedien Wiesbaden GmbH, ein Teil von Springer Nature 2018
S. Pfeiffer, *Commitment in der stationären Krankenpflege*, Best of Pflege,
https://doi.org/10.1007/978-3-658-23323-5

Gessnitzer, S. et. al. (2011): Karriere-Coaching: Personalentwicklung für Berufseinstei-
ger. In: PERSONALquarterly: Wissenschaftsjournal für die Personalpraxis.
2011/63: 12-17.

Grunau, J. (2014): Führungsstile in der Diskussion: Transaktionale und transformationale Ansätze im Vergleich. 1. Auflage, Hamburg: Diplomica Verlag GmbH.

Hänel, Patricia (2015): Recruiting im Gesundheitswesen: Das Magnetkonzept: Eine
Antwort auf den Fachkräftemangel in der Pflege. URL: http://www.medical-ca-
reerblog.de/das-magnetkonzept-eine-antwort-auf-den-fachkraeftemangel-in-der-
pflege/ [Stand: 12.07.2017].

König, A. (2016): Demografie kompakt 2016: Bürger planen Zukunft im demografischen Wandel. 1. Auflage, Norderstedt: BOD – Books on Demand.

Managersystem WHQ (2017a): Managersystem Wiki: Transformationale Führung.
URL: http://www.managersystem.de/wiki/transformationale-fuehrung/ [Stand:
13.06.2017].

Managersystem WHQ (2017b): Managersystem Wiki: Menschenführung. URL:
http://www.managersystem.de/wiki/menschenfuehrung/
[Stand: 08.07.2017].

Mead, G. H. (2013): Geist, Identität und Gesellschaft. 17. Auflage, Frankfurt am Main:
Suhrkamp Taschenbuch Verlag.

Mead, G. H. (2015): Mind, Self & Society: [The definitve edition]. 24. Auflage, Chicago: The University of Chicago Press

Meyer, J.; Allen, N. (1997): Commitment in the workplace: Theory, Research and Ap-
plication: Advanced Topics in Organizational Behavior. 1. Auflage, Thousand O-
aks: SAGE Publications Inc..

Morrow Lindbergh, A. (2011): Muscheln in meiner Hand: Eine Antwort auf die Kon-
flikte unseres Daseins. 1. Auflage, München: Piper Verlag.

Moser, K. (1996): Commitment in Organisationen. 1. Auflage, Bern: Huber Verlag.

Neuberger, O. (2002): Führen und führen lassen. 6. Auflage, Stuttgart: Lucius und
Lucius.

Parsons, T. (2016): Sozialstruktur und Persönlichkeit. 9. unveränderte Auflage, Magde-
burg: Verlag Dietmar Klotz GmbH

Rothgang, H. (2012): Themenreport „Pflege 2030": Was ist zu erwarten – was ist zu
tun?. URL: https://www.bertelsmann-stiftung.de/fileadmin/files/BSt/Publikation-
en/GrauePublikationen/GP_Themenreport_Pflege_2030.pdf [Stand: 01.02.2017].

Schmidt, K. (2013): Onboarding – Die Integration neuer Mitarbeiter in die Organisation:
Eine qualitative Untersuchung zu den Erwartungen an einen systematischen Integrationsprozess aus Sicht der Mitarbeiter. 1. Auflage, Hamburg: Diplomica Verlag.

Schneider, W. L. (2008): Grundlagen der soziologischen Theorie: Band 1: Weber–
Parsons – Mead – Schütz. 3. Auflage, Wiesbaden: VS Verlag für Sozialwissen-
schaften.

Schroeter, K. R. (2010): Soziologie. Studienbrief 3: Allgemeine Soziologie –Theorien
und Konzepte. Studienbrief der Hamburger Fern-Hochschule.

Stangl, W. (2012): Phasen der psychosexuellen Entwicklung nach Sigmund Freud.
URL: http://arbeitsblaetter.stangl-taller.at/PSYCHOLOGIEENTWICKLUNG/Ent-
wicklungFreud.shtml [Stand: 23.07.2017].

Statistisches Bundesamt (2017a): 13. koordinierte Bevölkerungsvorausberechnung für Deutschland. URL: https://service.destatis.de/bevoelkerungspyramide/#!y=2020& v=6&g [Stand: 01.04.2017].

Statistisches Bundesamt (2017b): 13. koordinierte Bevölkerungsvorausberechnung für Deutschland. URL: https://service.destatis.de/bevoelkerungspyramide/#!y=2060& v=6&g [Stand: 01.04.2017].

Statistisches Bundesamt (2017c): 13. koordinierte Bevölkerungsvorausberechnung für Deutschland. URL: https://service.destatis.de/bevoelkerungspyramide/#!y=2020& v=3&g [Stand: 01.04.2017].

Statistisches Bundesamt (2017d): 13. koordinierte Bevölkerungsvorausberechnung für Deutschland. URL: https://service.destatis.de/bevoelkerungspyramide/#!y=2060& v=3&g [Stand: 01.04.2017].

Statistische Bundesämter des Bundes und der Länder (2010): Demografischer Wandel in Deutschland. URL: https://www.destatis.de/DE/Publikationen/Thematisch/Bevoelkerung/DemografischerWandel/KrankenhausbehandlungPflegebeduerftige5871110 2109004.pdf?__blob=publicationFile [Stand: 01.04.2017].

Statistisches Bundesamt, Wiesbaden (2015): Bevölkerung Deutschlands bis 2060. 13. koordinierte Bevölkerungsvorausberechnung. URL: https://www.destatis.de/DE/Publikationen/Thematisch/Bevoelkerung/VorausberechnungBevoelkerung/BevoelkerungDeutschland2060Presse5124204159004.pdf? __blob=publicationFile [Stand: 22.07.2017].

Statistisches Bundesamt, Wiesbaden (2017): Grafiken: Krankenhäuser. URL: https://www.destatis.de/DE/ZahlenFakten/GesellschaftStaat/Gesundheit/Krankenhaeuser/Krankenhaeuser.html#Tabellen [Stand: 04.04.2017].

Stein, M.; Christiansen, L. (2010): Successful Onboarding: A strategy to unlock hidden value within your organization. New York: Mc Graw Hill.

Steinmann, H. et al. (2013): Management: Grundlagen der Unternehmensführung: Konzepte – Funktionen – Fallstudien. 7. Auflage, Wiesbaden: Springer Gabler Verlag.

Stengel, M. (1987): Identifikationsbereitschaft, Identikfikation, Verbundenheit mit einer Organisation oder ihren Zielen. In: Zeitschrift für Arbeits- und Organisationspsychologie 31: 152-166.

Steyrer, J. (2015): Theorie der Führung. In: Mayrhofer, W. et al. (Hrsg.): Personalmanagement – Führung – Organisation. 5. Auflage, Wien: Lindeverlag: 17-70.

Tschöpe-Scheffler, S. (2005): Entwicklungsförderndes versus entwicklungshemmendes Erziehungsverhalten. In: Deegener, G.; Körner, W. (Hrsg.): Kindesmisshandlung und Vernachlässigung: Ein Handbuch. 1. Auflage, Göttingen: Hogrefe Verlag GmbH & Co. KG: 304-310.

van Dick, R. (2004): Commitment und Identifikation mit Organisationen. 1. Auflage, Göttingen: Hogrefe Verlag.

van Dick, R.; Wagner, U. (2001): Stress and strain in teaching: a structural equation approach. In: British Journal of Educational Psychologie 71/2: 243-259.

van Dyne, L.; Ang, S. (1998): Organizational citizenship behavior of contingent workers in Singapore. In: Academy of Management Journal 41/6: 692-703.

Wunderer, R. (1997): Führung und Zusammenarbeit: Eine unternehmerische Führungslehre. 3. Auflage, Stuttgart: Schäffer-Poeschel.

ymono information and communication technology solutions GmbH (2017): IOWA-STUDIES. URL: http://www.personalmanagement.info/hr-know-how/glossar/de-detail/iowa-studies/ [Stand: 23.07.2017].

Yukl, G. (2010): Leadership in Organizations. 7. Auflage, Upper Saddle River NJ: Pearson.

Anlagen

© Springer Fachmedien Wiesbaden GmbH, ein Teil von Springer Nature 2018
S. Pfeiffer, *Commitment in der stationären Krankenpflege*, Best of Pflege,
https://doi.org/10.1007/978-3-658-23323-5

A.1 Varianten der Bevölkerungsvorausberechnung bis 2060

Kontinuität bei schwächerer Zuwanderung

Geburtenhäufigkeit: 1,4 Kinder je Frau — Lebenserwartung bei Geburt 2060: 84,8 Jahre für Jungen / 88,8 Jahre für Mädchen — Wanderungssaldo (ab 2021): plus 100.000 Personen

Alter	2020 Mill.	2020 Anteil	2030 Mill.	2030 Anteil	2040 Mill.	2040 Anteil	2050 Mill.	2050 Anteil	2060 Mill.	2060 Anteil
65+	18,3	23%	21,8	28%	23,2	31%	22,7	32%	22,3	33%
20-64	48,8	60%	43,6	55%	40,2	53%	37,7	52%	34,4	51%
<20	14,3	18%	13,8	17%	12,6	17%	11,4	16%	10,9	16%
ges.	81,4	100%	79,2	100%	76	100%	71,9	100%	67,6	100%
Medianalter	46,3		47,6		49,8		50,9		50,5	
Altenquotient	38		50		58		60		65	

Kontinuität bei stärkerer Zuwanderung

Geburtenhäufigkeit: 1,4 Kinder je Frau — Lebenserwartung bei Geburt 2060: 84,8 Jahre für Jungen / 88,8 Jahre für Mädchen — Wanderungssaldo (ab 2021): plus 200.000 Personen

Alter	2020 Mill.	2020 Anteil	2030 Mill.	2030 Anteil	2040 Mill.	2040 Anteil	2050 Mill.	2050 Anteil	2060 Mill.	2060 Anteil
65+	18,3	22%	21,8	27%	23,4	30%	23,2	30%	23,2	32%
20-64	49,2	60%	44,8	55%	42,3	54%	40,6	53%	37,9	52%
<20	14,4	18%	14,2	18%	13,3	17%	12,3	16%	12	16%
ges.	82	100%	80,9	100%	78,9	100%	76,1	100%	73,1	100%
Medianalter	46,1		47,1		49,1		50		49,7	
Altenquotient	37		49		55		57		61	

relativ alte Bevölkerung

Geburtenhäufigkeit: 1,4 Kinder je Frau — Lebenserwartung bei Geburt 2060: 86,7 Jahre für Jungen / 90,4 Jahre für Mädchen — Wanderungssaldo (ab 2021): plus 100.000 Personen

Alter	2020 Mill.	2020 Anteil	2030 Mill.	2030 Anteil	2040 Mill.	2040 Anteil	2050 Mill.	2050 Anteil	2060 Mill.	2060 Anteil
65+	18,4	23%	22,2	28%	23,9	31%	24	33%	23,9	34%
20-64	48,8	60%	43,6	55%	40,3	52%	37,8	52%	34,4	50%
<20	14,3	18%	13,8	17%	12,6	16%	11,4	16%	10,9	16%
ges.	81,5	100%	79,6	100%	76,8	100%	73,2	100%	69,2	100%
Medianalter	46,4		47,8		50,2		51,6		51,6	
Altenquotient	38		51		59		63		69	

relativ junge Bevölkerung

Geburtenhäufigkeit: 1,6 Kinder je Frau — Lebenserwartung bei Geburt 2060: 84,8 Jahre für Jungen / 88,8 Jahre für Mädchen — Wanderungssaldo (ab 2021): plus 200.000 Personen

Alter	2020 Mill.	2020 Anteil	2030 Mill.	2030 Anteil	2040 Mill.	2040 Anteil	2050 Mill.	2050 Anteil	2060 Mill.	2060 Anteil
65+	18,3	22%	21,8	27%	23,4	29%	23,2	29%	23,2	30%
20-64	49,2	60%	44,8	55%	42,5	53%	41,6	53%	39,6	52%
<20	14,6	18%	15,2	19%	14,8	18%	14	18%	14,1	18%
ges.	82,2	100%	81,9	100%	80,6	100%	78,8	100%	76,9	100%
Medianalter	46		46,7		48,3		48,6		47,5	
Altenquotient	37		49		55		56		58	

A.2 Varianten des Führungsstils in der Iowa-Studie von Kurt Lewin

Autoritäre Führung (authoritan leadership):

Der Führende bestimmt die Regeln für Handlungs- und Kommunikationsprozesse. Ihm obliegt die Planung und Kontrolle der Arbeitsorganisation, sowie das Erlassen von Durchführungsbestimmungen. Er bezieht seine Handlungsbevollmächtigung aus seiner Position im hierarchischen System.

Demokratische Führung (democratic leadership):

Diese Führung zeichnet sich durch die Delegation von Entscheidungsbefugnissen aus. Alle Mitglieder der Gruppe werden aktiv am Prozess der Willensbildung beteiligt. Der Führende fungiert als Informationsvermittler, Initiator und Aktivator und greift nur dann in die Interaktionsprozesse ein, wenn er dabei ermutigend, unterstützend und/oder richtungsweisend wirken kann.

Laissez-faire-Führung (laissez faire leadership):

Entstand im Rahmen der Iowa-Studie ungeplant, dadurch dass einem Erwachsenen die Gruppenführung entglitt. Der Führende greift hierbei nicht in die Handlungsprozesse ein. Er stellt die Bedingungen sachlich dar, ab dann verfügt die Gruppe über Aktionsfreiheit. Sie bestimmt Ziele, Entscheidungen und ähnliche vollkommen frei. Daher kann man an diesem Punkt nicht mehr von Führung im eigentlichen Sinne sprechen. (s. ymono information und communication technology solutions GmbH 2017)

A.3 Phasen der psychosexuellen Entwicklung nach Sigmund Freud

Orale Phase (1. Lebenshalbjahr)

Die Mundregion ist das primäre Bezugsorgan. Säuglinge und Kleinkinder verbringen viel Zeit damit, am Daumen oder Zehen zu lutschen. Durch den normalen Gebrauch (Essen, Trinken) oder künstliche Reizung kommt es zu einer Spannungsreduktion (Verminderung der libidinösen Triebspannung) und zu einem Auftreten von Lustgefühlen. Störungen in dieser Phase führen zu Persönlichkeitsmerkmalen, aufgrund derer viel von anderen gefordert wird. Auf die orale Phase fixierte Menschen zeichnen sich durch eine niedrige Frustrationstoleranz aus und geben schnell auf." (Stangl 2012)

Narzisstische Phase (2. Lebenshalbjahr)

Das Kind entdeckt den eigenen Körper und entwickelt dabei Lustgefühle (Autoerotismus). Dieses Verhalten ist die Urform der Selbstliebe (Narzissmus). Störungen in dieser Phase können im Erwachsenenalter zu Verminderung des Selbstvertrauens und der Selbstachtung führen." (Stangl 2012)

Anale Phase (2.-3. Lebensjahr)

Die Lust wird in dieser Phase durch den Vorgang der Defäkation erzielt, anfangs nur durch das Ausscheiden, später auch durch das Zurückhalten der Exkremente. Es kommt zu einem spannungsvollen Zustand zwischen Hingabe und Zurückhalten. Das Kind übt in dieser Lebensphase Kontrollmechanismen ein und vollzieht die ersten Anpassungen an die Erfordernisse der Umwelt. Störungen in dieser Phase, insbesondere durch zwanghafte Sauberkeitserziehung, können zu „manischen" oder zwanghaften Persönlichkeitstypen führen. Diese zeichnen sich durch starke Unterdrückung von Aggressionen, Überkontrolliertheit, Geiz und extreme Reinlichkeit aus. Es kommt bei manischen Persönlichkeiten zu einer starken Trennung zwischen Vorstellungen und tatsächlichen Gefühlen." (Stangl 2012)

Phallische Phase (4.-5. Lebensjahr)

Die Genitalien werden in dieser Phase zu erogenen Zonen. Knaben stellen fest, dass bei Mädchen der Penis fehlt und führen dies auf eine Bestrafung zurück. Daraus entwickelt sich Kastrationsangst; bei Mädchen kommt es zum Penisneid. Die Beziehung zu den Eltern ist durch den Ödipuskomplex bestimmt. Es treten Rivalitätsgefühle mit dem gleichgeschlechtlichen Elternteil auf, der andersgeschlechtliche wird geliebt. Auf der anderen Seite fürchtet das Kind den Verlust der Liebe des gleichgeschlechtlichen Elternteils. Dieser Konflikt wird durch die Unterdrückung der sexuellen Wünsche beigelegt. In der phallischen Phase kommt es zur Übernahme geschlechtlicher Moralbegriffe und zur Entwicklung des Über-Ich (Gewissen). Störungen in der phallischen Phase können zu einer „hysterischen" Persönlichkeitsstruktur führen. Diese ist durch ein auffälliges sexuelles Gebaren gekennzeichnet, das aber im Widerspruch zur ängstlichen, passiven Grundstruktur steht, die sexuelle Kontakte zu meiden versucht. Hysteriker sind meist selbstbewusst und energisch-impulsiv." (Stangl 2012)

Latenzphase (6.-7. Lebensjahr)

Es tritt eine scheinbare Unterbrechung der sexuellen Entwicklung ein. Sexuelle Regungen werden abgewehrt und verdrängt. Spielkameraden werden vor allem beim gleichen Geschlecht gesucht. Während dieser Zeit kommt es zu einer Verinnerlichung der Anforderungen der Umwelt.

Genitale Phase 8. Lebensjahr bis zur Pubertät

Es kommt zu einem Wiederaufleben der Sexualität und des Ödipuskomplexes, sowie zu einer Hinwendung zum anderen Geschlecht. Der beschleunigten körperlichen und intellektuellen Reifung steht eine verzögerte emotionale Reifung gegenüber. Die Pubertät ist eine stark konfliktgeladene Phase voller motorischer und innerer Unruhe." (Stangl 2012)

A.4 Gesprächsleitfaden Eintrittsgespräch

Leitfaden – Eintrittsgespräch mit neuen Mitarbeitern

Rahmenbedingungen:

Geeigneten Raum wählen (Ruhige Atmosphäre, keine Störungen)

Mitarbeiter mit etwas Vorlaufzeit schriftlich einladen (ca. 1 Woche vorher)

Ausreichend Zeit einplanen (1-1,5h)

Bereiten sie sich vor.

Empfehlungen:
Das Gespräch sollte nicht direkt nach Beginn des Beschäftigungsverhältnisses erfolgen, der Mitarbeiter sollte zunächst Zeit haben anzukommen, erste Eindrücke zu sammeln und auch den Vorgesetzten im Arbeitsalltag kennenzulernen.

Die Einladung soll schriftlich erfolgen, um deutlich zu machen, dass es sich um ein Gespräch mit einer offiziellen Wertigkeit handelt. Die Einladung sollte jedoch persönlich übergeben werden, um den Charakter des Gesprächs bereits in einigen Sätzen deutlich machen zu können und Vorurteilen vorbeugen zu können.

Einleitung:

Dieses Gespräch dient dem Kennenlernen.
Uns (dem Unternehmen) ist es wichtig, dass sie uns und unsere Werte, Vorstellungen
… kennenlernen.

Wir würden uns freuen auch etwas über Sie zu erfahren und darüber, was Ihnen
wichtig ist.

Ihre Erwartungen sind uns wichtig.
Empfehlungen:
Es empfiehlt sich das Gespräch mit der Unternehmensperspektive zu beginnen.
*Sprechen sie von **uns** und **wir**, so signalisieren sie dem Mitarbeiter, dass in Ihrem*
Unternehmen Einheit herrscht. Sie vermitteln so das Gefühl von Zugehörigkeit, der
Mitarbeiter spürt Teil eines großes Ganzen zu werden.

Gesprächsbeginn:

Erzählen Sie kurz von Ihrer eigenen Person, vermitteln Sie Ihren Werdegang im
Unternehmen.
Verknüpfen Sie das Leitbild, die Mitarbeiterorientierung mit Ihrer eigenen Geschich-
te.
Benutzen Sie Formulierungen wie:
Das Unternehmen hat meinen Wunsch nach Veränderung unterstützt und ….
Ich wollte … und konnte dies tun, weil ….
Der Klinik ist es wichtig, dass …, dies spürt man besonders durch …

Empfehlung:
Bleiben Sie authentisch. Übertriebenes Loben oder besonders positive Darstellungen
könnten den Eindruck vermitteln, als wollten Sie von Problemen ablenken. Suchen
Sie sich in der Vorbereitung lieber ein oder zwei prägende positive Beispiele aus und
folgen Sie dem Grundsatz „Qualität vor Quantität".

Mögliche erste Fragen:

Würden Sie mir erzählen, wie Ihr bisheriger Werdegang aussah?
Bei Berufsanfängern: Wie haben Sie ihre Ausbildung erlebt?

Sind Ihnen Ereignisse besonders deutlich in Erinnerung geblieben?

Sie sind am ... besonders viele Jahre geblieben. Verraten Sie mir, weshalb es Ihnen dort so gut gefallen hat?

Bei Berufsanfängern: Gab es eine Abteilung innerhalb Ihrer Ausbildung, in der es Ihnen besonders gut gefallen hat? Was war dort anders?

Empfehlung:
Falls es möglich ist, nutzen Sie Anknüpfungspunkte aus dem positiv Beispiel des Mitarbeiters und zeigen Ähnlichkeiten zum eigenen Unternehmen auf.

Wir sind froh, wenn wir uns als Unternehmen weiterentwickeln können. Ein neuer Mitarbeiter bringt immer auch eine neue Perspektive mit.
Gibt es Dinge die Sie sich von uns wünschen?

Uns ist es wichtig, dass Sie sie sich bei uns wohlfühlen. Was ist Ihnen wichtig?

Empfehlung:
Achten Sie an dieser Stelle auf die Formulierungen des Mitarbeiters. Auch die Menge der gesagten Dinge können Aufschluss über die Orientierung des Mitarbeiters geben. Ein Mitläufer wird zögernd antworten, da er noch nicht weiß, was von ihm erwartet wird, und er Sorge hat sich zu weit aus dem Fenster zu lehnen. Er wird sich nur schwerlich locken lassen und allgemeine Antworten geben, wie beispielsweise „regelmäßiger Austausch", „gutes Miteinander".
Ein Aktivist wird dynamischer antworten und sich auf Nachfrage auch locken lassen. Nutzen Sie die Beispiele, die er gebracht hat, als Sie ihn nach positiven Erfahrungen in der Vergangenheit gefragt haben und knüpfen sie daran an. „Ihnen ist ... besonders wichtig, wie war das denn im Unternehmen XY?" „Hätten Sie Lust dem Team, wenn Sie angekommen sind und sich eingelebt haben, einmal davon zu berichten?"

Sie haben in der Vergangenheit ja bereits einige Teamstrukturen kennengelernt, wie haben Sie denn die Zusammenarbeit mit anderen Berufsgruppen erlebt?
Was ist Ihnen interdisziplinär wichtig?

Empfehlung:
Hören sie zu, was der Mitarbeiter berichtet. Ein Aktivist wird seine Beispiele eher werten und davon berichten, was besonders gut, was besonders schlecht lief. Wäh-

rend ein Mitläufer dazu tendieren wird sich neutral zu äußern und eher wertfrei davon berichten wird, was er kennengelernt hat.

Wie haben Sie denn ihre ersten Wochen bei uns erlebt?

Auf mich haben Sie bisher ... gewirkt. Finden Sie sich dabei wieder?

Ich selbst versuche immer Ansprechpartner zu sein. Ich hoffe das ist mir bisher gelungen?

Manchmal fällt es mir schwer ..., dann bin ich froh, wenn mich die Mitarbeiter darauf aufmerksam machen.

Empfehlungen:
Es ist sinnvoll, den Mitarbeiter zu spiegeln und ihm zu zeigen welchen Eindruck er vermittelt hat. Seien Sie hierbei authentisch und wertschätzend, nutzen Sie die Gelegenheit um zu prüfen, ob der Mitarbeiter sich selbst anders sieht.
Überlegen Sie sich in der Vorbereitung die Attribute, mit denen Sie den Mitarbeiter spiegeln wollen, auch hier gilt: weniger ist mehr. Es soll nicht der Eindruck entstehen, dass der Mitarbeiter unter permanenter Beobachtung steht und Sie bereits ein vollständiges Bild von ihm haben, das er nicht mehr ändern kann. Machen Sie deutlich, dass Sie Interesse an seiner Person haben, zeigen Sie aber auch, dass Sie seine Grenzen herausfinden und wahren wollen.

Die Ansprache Ihrer eigenen Person soll Hemmungen abbauen und deutlich machen, dass Ihnen Feedback wichtig ist.
Ein Mitläufer wird diesen Teil des Gesprächs nur zur Kenntnis nehmen, ein Aktivist wird ihn eventuell nutzen und darüber sprechen, dass auch ihm Rückmeldungen und Feedback wichtig sind.

Gibt es Informationen, die Ihnen fehlen?

Gibt es Prozesse, mit denen Sie sich schwertun?

Welche Erwartungen haben Sie an die restliche Einarbeitungszeit? Was brauchen Sie noch? Was wünschen Sie sich?

Können wir noch etwas dafür tun?

Empfehlung:
Schließen Sie das Gespräch mit der Frage, ob die Klinik noch etwas für den Mitarbeiter tun kann. So enden Sie mit dem selben „Wir", mit dem Sie das Gespräch begonnen haben.

Auch diese abschließenden Fragen bieten ihnen nochmals Gelegenheit Ihren Mitarbeiter richtig zu kategorisieren. Der Mitläufer wird eher dazu neigen die Gelegenheit zu nutzen und noch Informationen einzuholen („Gibt es Verfahrensanweisungen?"/ „Wo finde ich die Standards der Station?" / „Gibt es Pflichtschulungen, die ich noch brauche?"). Er wird sich nach schon Vorhandenem erkundigen und signalisieren, was er bisher schon in Erfahrung gebracht hat und dass er sich schon informiert hat („Im Einarbeitungskatalog habe ich gelesen, dass ... .". Der Aktivist wird eher dazu tendieren die Einarbeitung zu spiegeln und/oder Prozesse zu hinterfragen („Auf meiner vorherigen Station war die Visite so geregelt, dass ... daran muss ich mich hier erst gewöhnen." / „Mir hat es geholfen, dass die Einarbeitung strukturiert aufgebaut war." / „Ich konnte alle Fragen immer direkt stellen, wenn sie aufgetreten sind.")

A.5 Scale Items – nach Meyer und Allen

Affective Commitment Scale Items

1. Ich wäre sehr froh, den Rest meiner Karriere in diesem Unternehmen zu verbleiben.

2. Ich genieße es, mit Menschen außerhalb meines Unternehmens über es zu sprechen.

3. Ich habe wirklich das Gefühl die Probleme meines Unternehmens sind meine eigenen.

4. Ich denke, ich könnte leicht ebenso Teil eines anderen Unternehmens werden, wie ich Teil dieses Unternehmens bin.

5. Ich fühle mich nicht wie ein „Teil der Familie" in diesem Unternehmen.

6. Ich fühle mich nicht emotional verbunden mit dem Unternehmen.

7. Dieses Unternehmen hat eine große persönliche Bedeutung für mich.

8. Ich fühle kein besonders großes Zugehörigkeitsgefühl zu meinem Unternehmen.

Continuance Commitment Scale Items

1. Ich habe keine Angst davor, was passieren könnte, wenn ich meinen Job kündige, ohne bereits einen neuen zu haben.

2. Es wäre wirklich schwierig für mich das Unternehmen zu verlassen, selbst wenn ich wollte.

3. Zu viele Bereiche meines Lebens würden gestört, wenn ich jetzt beschließen würde, mein Unternehmen zu verlassen.

4. Es wäre kein großer finanzieller Verlust für mich, wenn ich mein Unternehmen in naher Zukunft verlassen würde.

5. Aktuell ist der Verbleib im Unternehmen für mich eher eine Frage der Notwendigkeit, statt der des Wollens.

6. Ich glaube ich habe zu wenige Optionen um einen Austritt aus dem Unternehmen zu erwägen.

7. Eine der negativen Konsequenzen im Falle einer Kündigung wären die mangelnden Alternativen.

8. Einer der Hauptgründe, weshalb ich weiter für dieses Unternehmen arbeite, ist, dass ein Austritt erhebliche persönliche Opfer mit sich bringen würde; ein anderes Unternehmen würde mir vielleicht nicht die allgemeinen Vorteile bringen, die ich hier habe.

9. Hätte ich nicht bereits so viel von mir selbst in dieses Unternehmen gesteckt, würde ich erwägen woanders zu arbeiten.

Normative Commitment Scale Items

1. Ich denke, dass Menschen heutzutage zu oft den Arbeitsplatz wechseln.

2. Ich glaube nicht daran, dass ein Arbeiter immer loyal gegenüber seinem Unternehmen sein muss.

3. Der Wechsel von Unternehmen zu Unternehmen erscheint mir im Großen und Ganzen nicht unethisch.

4.   Einer der Hauptgründe weshalb ich noch für dieses Unternehmen tätig bin, ist, dass ich daran glaube das Loyalität wichtig ist, deshalb spüre ich eine moralische Verpflichtung zu verbleiben.

5.   Wenn ich anderswo einen besseren Job angeboten bekommen würde, hätte ich nicht das Gefühl es wäre richtig mein Unternehmen zu verlassen.

6.   Mir wurde beigebracht an den Wert der Loyalität zu nur einem Unternehmen zu glauben.

7.   Die Dinge waren besser, als die Menschen noch den Großteil ihrer Karriere in einem Unternehmen verbrachten.

8.   Ich denke, es ist nicht mehr sinnvoll ein „Mann der Firma" / eine „Frau der Firma" sein zu wollen.

(s. Meyer, Allen 1997: 118f)

A.6 Beispielfragen zu Ermittlung der Mitarbeiterbindung in Anlehnung an Magnetkräfte

Im Folgenden finden sich zu ausgesuchten Magnetkräften (vgl. Absatz 6.2.2.2) einige beispielhafte Fragen, um zu verdeutlichen, in welcher Form ein möglicher Fragebogen zur Ermittlung der Mitarbeiterbindung gestaltet werden könnte. Die Gestaltung eines solchen Fragebogens ist abhängig von einer Vielzahl unternehmensspezifischer Faktoren. Ebenso spielt die geplante Vorgehensweise bei der Erhöhung des Commitment eine Rolle. So ist es denkbar eine große Umfrage durchzuführen, in der alle relevanten Punkte berücksichtigt werden, ebenso ist es aber auch möglich kleinschrittig zunächst nur wesentliche Teilbereiche abzufragen. Die Vor- und Nachteile müssen unternehmensintern geprüft und geklärt werden.

Test zur Statusermittlung - Mitarbeiterbindung

Teil I: Pflegedienstleitung

1 _____ **Ist Ihnen Ihre Pflegedienstleitung bekannt?**

  a. Ich habe sie im Vorstellungsgespräch kennengelernt, danach aber nicht mehr gesehen.

  b. Ich sehe sie manchmal im Klinikum.

  c. Sie kommt regelmäßig auf die Station.

2) _____ **Haben Sie den Eindruck Ihre Pflegedienstleitung kennt die Herausforderungen Ihrer Arbeit?**

  a. Ich habe keine Berührungspunkte mit ihr und kann nicht beurteilen, was sie weiß.

  b. Ich hoffe, sie bekommt alle Informationen durch die Stationsleitung.

  c. Ich habe den Eindruck, sie hat einen guten Überblick.

3) _____ **Fühlen Sie sich bei Entscheidungen durch Ihre Pflegedienstleitung gut vertreten?**

  a. Mir sind die Entscheidungen, die sie trifft und die Ergebnisse nicht bekannt.

  b. Ich weiß nicht in Gänze, was sie tut, glaube aber, sie macht es ganz gut.

  c. Ich fühle mich gut vertreten.

Teil II: Organisationsstruktur

1) _____ **Fällt es Ihnen leicht Kritik am Unternehmen zu äußern?**

  a. Ich kritisiere nichts, da ich nicht das Gefühl habe, dadurch etwas zu ändern.

  b. Ich kritisiere meine Organisation nach außen, innerhalb der Klinik fehlt mir oft der Ansprechpartner dafür.

  c. Wir kritisieren in unserer Abteilung nicht, sondern geben uns Feedback.

  d. Meine Meinung wird nicht nur gehört, sondern eingefordert.

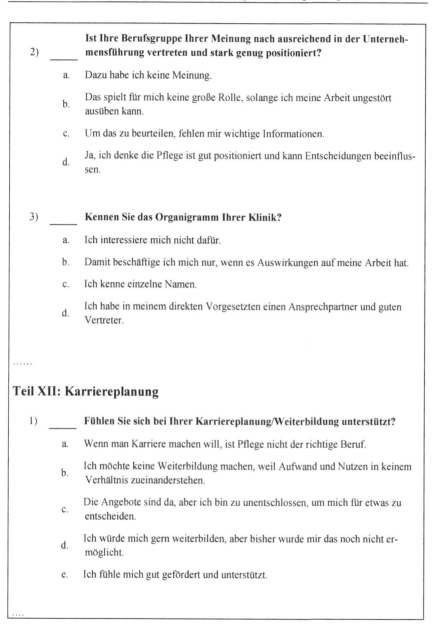

2) _____ **Ist Ihre Berufsgruppe Ihrer Meinung nach ausreichend in der Unternehmensführung vertreten und stark genug positioniert?**

a. Dazu habe ich keine Meinung.

b. Das spielt für mich keine große Rolle, solange ich meine Arbeit ungestört ausüben kann.

c. Um das zu beurteilen, fehlen mir wichtige Informationen.

d. Ja, ich denke die Pflege ist gut positioniert und kann Entscheidungen beeinflussen.

3) _____ **Kennen Sie das Organigramm Ihrer Klinik?**

a. Ich interessiere mich nicht dafür.

b. Damit beschäftige ich mich nur, wenn es Auswirkungen auf meine Arbeit hat.

c. Ich kenne einzelne Namen.

d. Ich habe in meinem direkten Vorgesetzten einen Ansprechpartner und guten Vertreter.

......

Teil XII: Karriereplanung

1) _____ **Fühlen Sie sich bei Ihrer Karriereplanung/Weiterbildung unterstützt?**

a. Wenn man Karriere machen will, ist Pflege nicht der richtige Beruf.

b. Ich möchte keine Weiterbildung machen, weil Aufwand und Nutzen in keinem Verhältnis zueinanderstehen.

c. Die Angebote sind da, aber ich bin zu unentschlossen, um mich für etwas zu entscheiden.

d. Ich würde mich gern weiterbilden, aber bisher wurde mir das noch nicht ermöglicht.

e. Ich fühle mich gut gefördert und unterstützt.

....

Teil XIII: Außendarstellung

1) _____ **Wie schätzen Sie die multiprofessionelle Zusammenarbeit in Ihrer Abteilung ein?**

    a.   Schwierig. Wir arbeiten oft nebeneinander her.

    b.   Bei uns wird zusammengearbeitet, wenn es nötig ist.

    c.   Wir sind voneinander abhängig, nur wenn wir uns arrangieren, klappt der Alltag reibungslos.

    d.   Wir sind gut aufeinander abgestimmt, alle arbeiten Hand in Hand.

2) _____ **Ernten Sie Anerkennung für Ihre Arbeit durch andere Berufsgruppen?**

    a.   Ich habe nicht das Gefühl, dass jemand wirklich weiß, was ich leiste.

    b.   Die Patienten erkennen meine Arbeit an, das empfinde ich als ausreichend,

    c.   Ich habe schon das Gefühl alle wissen, was Pflege leistet, aber Anerkennung spüre ich nicht.

    d.   Als Pflegekraft bin ich immer am dichtesten am Patienten. Meine Meinung und Einschätzung ist immer gefragt.

Printed in the United States
By Bookmasters